追寻对的教育方式

孙民云 著

大夏书系·教育新思考

华东师范大学出版社
全国百佳图书出版单位

自序 努力追寻对的教育方式

教育很美好，但同时也可能充满风险。

教育寄托了我们诸多的美好期待。我们期待，教育可以为人的终生发展奠定坚实的基础，让人实现更大的可能；我们期待，教育可以唤醒人内在的真善美，使人真正成为人；我们期待，教育可以促使每个人更好地发现自己、发展自己、成就自己，成为独立、完整、自由、全面发展的人；我们还期待，教育可以让未来的世界变得更好。

蔡元培先生说："教育是帮助被教育的人，给他们能发展自己的能力，完成他的人格，于人类文化上能尽一分子责任；不是把被教育的人，造成一种特别器具，给抱有他种目的的人去应用。"这句话道出了教育的美好，同时也道出了教育可能的风险：教育的结果有可能远离我们所有的美好期待，将人异化成"器具"，并"给抱有他种目的的人去应用"。

用对的方式做对的教育，教育自会美好。教育的困难在于，教育的结果往往要多年后才能知道，且受到多种因素的影响。何为对的教育方式，本身就是一个难以确证的问题。从踏上教育之路起，30多年间，我历经教师、学校管理者、教育行政干部等岗位，敬畏之心不变，一直战战兢兢地行走在途中，努力追寻对的教育方式。

这本小书收录了近些年我零零落落涂就的部分文章，分成上、中、下三篇。上篇"读：追寻教育的精进之道"收录的 10 篇文章皆与阅读有关。阅读是我吸收贤哲智慧、向他者学习、丰富自我、提升自我和超越自我的重要途径。这些年，我致力于区域阅读推广，发起"书香海沧·教师领航"教师阅读工程，与我切实从阅读中获益不无关系。我相信，没有阅读，教师的智慧和精神生长极有可能落空。中篇"思：追寻对的教育方式"收录的 26 篇文章，有关于教育现象的评论，也有教育教学叙事，有教师专业成长的点滴之思，也有如何办好学校的碎思碎语，虽不成体系，但我个人的教育观念、办学思想等自然而然地"粘贴"其中。我也相信，只有过上反思性的教育生活，勤于观察，善于思考，教育者才可能真正明白教育的可为和不可为，当为和不当为，对的教育方式方能逐渐明朗。下篇"行：追寻'因我而改变'的价值"收录的 10 篇文章，皆为书信。2008 年 12 月 25 日，海沧区教师进修学校正式挂牌成立，我担任副校长（主持工作）。此后每年学校的"生日"，我都会给学校的伙伴们写一封公开信。每封信都是我和伙伴的对话，讲述学校的故事，表达寄予团队的愿望，描绘学校的愿景。这 10 封信既记录了海沧区教师进修学校十年的发展历程，也袒露了我作为团队中"平等首席"的心路历程。我相信，所有的思考都只有在行动中才能得到证明，才能产生更有益的价值。

  本书能够出版，要感谢海沧这片土地，感谢海沧教育这块沃土，感谢和我并肩同行的同事们。我所有的思考，所有的收获，所有的成长，都离不开你们的滋养、激励、触发。

  本书能够出版，要特别感谢华东师范大学出版社策划编辑朱永通先生。我的写作完全随性而为，心有所感，不吐不快，从未想过要结集出书。永通先生看了我几篇文章后，便极力督促我出书。我很犹豫，担心这些零思碎想没有多大价值。在他的不断鼓励下，我终于将近些年的文章汇总整理出来。此后，从选文到书名，皆赖永通先生之力。可以说，这本书，文章是我的，但催生书的却是永通先生。

突然想到苏格拉底，一名优秀的教育者应该和一名优秀的编辑一样，都是"催产婆"，这不就是对的教育方式：在创造性的工作中实现自我的价值！

目　录

上　篇
读：追寻教育的精进之道

教师专业成长的起点　003

反思，教师专业自觉的重要标志　008

教学机智，教师应该走进的境界　013

从课堂透视到什么？　018

起于生命，达于生命　021

生命·生活·生长　023

为幸福出征　029

对自己人生负责的姿态　033

遇见更好的自己　036

给孩子的最好礼物　039

中 篇
思：追寻对的教育方式

教师应该确信的一些教育观念　045

善待教师，请给予专业帮助　049

我们带给孩子的会是什么呢？　053

中小学教师需要怎样的科研？　057

再议教育科研　060

做好教育工作的起点　064

做湖泊，不做杯子　067

屈居第二又何妨　069

人贵有自知之明　071

真正的幸福离不开优秀　073

从抢购盐谈理性教育的价值　075

净化教育培训市场，宜疏不宜堵　077

请慎用我们的"教育权"　080

这样处理作弊可以吗？　083

惩戒当慎施　086

彼此看见，彼此照见　090

我理想中的教师、校长、学校、教育　094

我眼中的好校长　101

也说说"学校是你必须敬畏的地方"　106

洗尽铅华显真容　109

优质离我们有多远？　112

有"德性"的学校　115

李春芳校长印象　119

林文生校长印象　122

聆听佐藤学　125

学习共同体课堂的风景　129

下　篇
行：追寻"因我而改变"的价值

甘守寂寞，潜心教育　135

为了我们共同的名字　139

愿我们的工作更加幸福和有价值　142

回看是为了更好地前行　145

从改变自己做起　147

让我们更有智慧地工作　150

成就教师，让相遇更美　154

携手前行，守望教育　157

一元初始，万象更新　162

新起点，新目标，新作为　166

附 录

从经典阅读中获取力量　169

教育的全部价值就在于成全生命　174

厦门海沧：缕缕书香出墙来　180

阅读，我们能做什么？　184

海沧教育发展的"热带雨林"之路　187

关于本书的部分评论　190

上篇

读：追寻教育的精进之道

◎ "触动"就是生命发出的信号，是一个生命向另外一个可以依赖的生命发出的信号，是一种以信任为基础的托付。

◎ 苏格拉底说："未经省察的人生是不值得过的。"套用到教师身上，是不是也可以说"未经反思的教育生活是不值得过的"？

◎ 教学机智是一种全身心的投入，是在这种状态下，教师关注孩子、聆听孩子，从而对教育情境能够作出最佳反应的能力。

◎ 教学首先应该是科学。在科学的基础之上，锤炼自己的教学风格，教学才可能升华为艺术。忽视了教学的科学性，所谓"艺术"很可能只是自娱自乐。

◎ 真正爱教育，而不是爱身上的盔甲，才能真正在教育中得到幸福，也才能真正让受教育者幸福。

教师专业成长的起点
——读《教学机智——教育智慧的意蕴》之一

网上盛传一篇一位青年教师辞职后写的文章，文章作者自称八岁开始就"把理想定位成了一名人民教师"，成年后又如愿以偿，轻松实现了理想。可是，走上讲坛三年后，却又坚定地辞去了教师工作，并由此感到解脱和轻松。辞职的原因不外是收入低、工作繁忙、怀才不遇、缺乏成长动力等，但辞职者在信中还给出了这样的理由："我不否定，教师的工作确实很稳定。它稳定到，可以让你提前看透了自己的一生。每一天的工作都是重复，每一分钟，甚至是每一秒钟都是大同小异的，生即是死，死亦是生。我今年26岁，就已经看到了我36岁，46岁，56岁，直到退休的前一天。"

一份让人感觉到"每一天的工作都是重复，每一分钟，甚至是每一秒钟都是大同小异的，生即是死，死亦是生"的工作，无论对谁而言都是令人绝望的，没有变化，没有惊喜，没有憧憬，没有冲动，甚至也没有困惑，恰似一潭死水。这样的工作，当然不能带来成长，一眼便可看到人生的尽头。这样的工作，即便不辞职，也只能是从"忙"到"盲"，再到"亡"地虚度一生罢了，辞职当然是最好的选择。

苏霍姆林斯基在他的著作中也讲述了这样一件事——一位45岁的中年女教师离职了，在离职晚会上，她对送别的同事们说："亲爱的朋友们，我离开是因为学校工作不是我喜爱的事业。在这份工作中我得不到满足，它没有给我带来任何乐趣。这是不幸，是我生活中的悲剧。每天都盼望着课快些结束，喧哗声快些消失，可以一人独处。你们会感到惊讶，一个45岁的妇女就这样早早离开了工作，而她还很健康。不，我很不健康，已经受了内伤。受内伤是因为工作没有给我带来乐趣。"一份不能给人以任何乐趣，让人受内伤的工作，每个日子都是可怕的噩梦。这样的工作，当机立断，尽早离开，一定是最明智的选择。

重复单调、毫无乐趣、痛苦不堪……这难道就是教师工作的真相吗？如果这就是真相，那么，我们又该怎么解释这个行业里存在的那些坚定的行走者、执着的探索者、深沉的热爱者？我们不难看到身边许许多多诲人不倦、静守教育的平凡教师，看到许多耄耋之年仍对教育一往情深的前辈名宿，也看到教化一方、备受尊崇的名师大儒。他们可曾陷入过上述两位老师同样的职业困境？如果有，他们是如何爬出陷阱，获得职业成功和人生幸福的？如果没有，他们是如何绕过这样的困境的？他们的职业密码又是什么呢？

这个问题困扰了我很久，直到读到马克斯·范梅南《教学机智——教育智慧的意蕴》一书，我忽然意识到，或许，"触动"是其中最为关键的因素。

马克斯·范梅南说："最初，人只是从生物和法律意义上'知道'自己已成了父母或老师。……真正使人成为父母或老师的主要是一个如何像父母或老师那样生存的问题。……只要他们开始像真正的教师一样与孩子们一起生活和行动，孩子们就会以无法预见的方式触动他们。"

在我看来，这种"触动"就是生命发出的信号，是一个生命向另外一个可以依赖的生命发出的信号，是一种以信任为基础的托付。触动与回应蕴含了情感、精神的联结，触动的无法预知，不同的触动方式和触动内容，让教育变得复杂而神奇。如何感知儿童的触动？如何回应触动？不同的回应会带来怎样的可能？触动会自然引发一个真正的教师无限的思考，这使教师的工作充满探索性，有了精神探险的意味。有了这样的触动，有了由此而来的思考与探索，教师的工作怎么可能又怎么能只是单纯的重复？

从这个意义上说，觉得教师工作就是单调重复、无法从教育教学中感受到丝毫乐趣的教师，只是法律意义上的教师而已，他们其实还没有成为"真正的教师"。那么，怎样才能成为真正的教师？那就必须聆听孩子需求的召唤。

"教育的召唤就是那种让我们聆听孩子需求的召唤。"这是马克斯·范梅南在书中提出的重要观点。他指出："只有当我们真正感受到教育作为一种召唤而激起我们的活力，让我们深受鼓舞时，我们与孩子的生活才会有教育学的意义。"在他笔下，这种"召唤"有时是从灵魂深处发出的，如同花开的声音，聆听这种召唤，需要双方生命的深度联结，需要建立起真正的教育学关系。

为什么我们要聆听孩子的召唤？

马克斯·范梅南解释说，那是因为"在孩子的召唤声中还有一种我们听到的更根本的声音。我们体验到这是一种力量。这是这个孩子所拥有的征服那位能'听到'的人的力量"。换句话说，孩子的召唤本身就是生命的召唤、"人"的召唤。身为教师，当我们能够听到这种召唤，教育才会让我们内心时常充满感动——为生命的力量、生命的生长感动！在这样的教育过程中，我们不是在简单地输出，而是在陪伴一个个生命经历着一次次的心灵历险，看到生命的成长蜕变。我们惊叹于生命的伟大，而我们自身的生命也在一种真正的教育学关系中得到洗礼和滋养。因此，诚如马克斯·范梅南所说，"教育学首先召唤我们行动，之后又召唤我们对我们的行动作出思考，与孩子们一道生活以及反思我们与孩子们生活的方式，这两者都是我们的教育性生存的表现"，真正的教师，就是这种教育性生存的教师。

由此，我们大概明晰了教师成长的动力源自哪里，教师职业幸福的源泉又在哪里。只有真正的教师，也就是教育性生存的教师，才有成长的需求和自觉。

从事一种不能获得任何成就感，身心无法得到滋养，没有自我发展可能的职业，无异于一场灾难。当一名教师只具有法律意义而不具备教育学意义时，职业充其量只是为其生存提供了某种条件，不会带来其他惊喜，更遑论成长！

我们从上述辞职的教师身上看到了令人痛苦不堪的职业困境，但我们更应该思考的是，仍在岗位上的千千万万教师中，还有多少只是法律意义上的教师？他们可能只是为了谋生而不得不守着这份职业。这样的教师，无论对于他们自己，还是对于与他们相遇的学生，都是不幸的。如果教师连最起码的教育愉悦感都没有，职业生活一片灰暗，那么谈论教师专业发展将是何等的奢望啊！我忍不住再问，这样的教师或者接近于这种状态的教师少吗？我敢肯定，一定会有相当大的比例，尤其是在无论是收入水平还是职业尊严都不足以给教师带来满足感的当下。

从这个角度来说，教师专业发展首先要解决的是让每个法律意义上的教师成为教育学意义上的教师——真正的教师。抛开这一点来谈论教师的专业发展，只能是水中捞月。让每名教师成为真正的教师，简单来说，就是要如同马克斯·范梅南在书中指出的那样，发展一种"指向儿童的价值取向"，让教师真正认识职业的意义，认同职业的价值，让他们愿意"开始像真正的教师一样与孩子们一起生活和行动"，从而聆听到"孩子需求的召唤"。

但是，当前教师专业发展各个层面的设计和实践，恰恰忽视了"真正的教师"这一源头性的问题，过分地迷恋和依赖教育模式、教育技能技巧。在一些教育管理者和教师本人看来，甚至连教育理论的学习都是多余的，他们远离教育经典，排斥通识学习，希望能够学到拿来就用的技巧技术，学到可以普遍复制的所谓"模式"。这种急功近利的教师培养方式，也许可以解决一些眼前的问题，但无法从根本上促进教师专业发展，无法支持教师走得更远。它是社会的普遍功利化和浮躁焦虑在教师培养上的投影，也恰恰反映了我们对教师职业的认识还极为肤浅。

当然，不是说技巧技术和方法不重要，而是根源性的问题不解决，教师缺乏职业的热情，缺乏教学的关爱，缺乏对教育本身的深刻理解，缺乏自我的职业追求，再多的技巧技术和方法也是枉然。对于教师的专业发展，我坚信，让教师成为真正的教师才是起点，才是教师专业发展的首要问题。只有如此，教师才能"非常着迷"地看到孩子的自我成长，才会"一天比一天深入地钻到教学和教育过程的细节和微妙之处去,那时候,人们称之为塑造人的灵魂的艺术的东西,才会在你面前一点一点地展开新的境界"(苏霍姆林斯基),从而真正体会到教育的动人之处,真正过上反思性的教育生活,真正让职业生活有了价值感和意义。至此,教师的专业发展自然就水到渠成了。

反思，教师专业自觉的重要标志
——读《教学机智——教育智慧的意蕴》之二

区校本课程交流研讨活动中，幼儿园的蔡园长观摩小学的唱诗课后，在微信朋友圈发出这样的追问："对小学课堂的印象基本停留在枯燥、机械、被动接受的阶段，今天观摩了一年级的唱诗课后，感受到小学在教学方式上的改变，多了情境式体验，多了与孩子的互动，也终于看到了与幼儿园活动相似的地方，但同时又一次感受到，幼儿园课改的理念超前，但又很少被外界了解。如果这样一个活动拿到幼儿园的活动中去评价，我们会介意孩子离大屏幕的距离是否适中，会介意吟唱过程的机械重复是否必要，会纠结教师角色转换的意义与必要性，会纠结这样一个活动是否需要拿来集中学习，是不是在班上某个区域放录音让孩子自主学习就能习得，甚至还会纠结，孩子们虽然很开心地参与了活动，但他们通过这次教学获得的有效经验到底是什么。"

这些"纠结"引发了一场讨论：是否有必要纠结？这样的纠结有价值吗？恰好我也听了这堂课，我给了她这样的回应："可贵的纠结。纠结的本质就是怀疑，是反思的开始。教育就是要有这样的纠结才会有发展，教师的专业也因为这样的纠结才有成长。每个教育行为都不会必然地就'应该这样'，在不同的条件下，会引发哪种可能，是否还有更好的选择等，都值得我们不断追问。比如，'反复吟唱'有没有必要？如果只是为了记住那几句诗词的确无此必要，但如果是为了在吟唱中找到古人'吟'诗的感觉，感受到诗优美的节奏和韵律，那么'反复'也许就是必要且必须的了。事实上，在这节课上，我们能够感受到，孩子正是在反复的吟唱中逐渐找到了律诗那种平仄变化的韵律和节奏美。再如,'角色的转换'有没有必要?可以说没有必要,但也可以说是教师的神来之笔。说没有必要,是从教学任务角度来说,有没有这个环节,并不会影响任务的完成,甚至可以节省时间,使教学更简洁、高效。说是神来之笔,是因为角色转换,不仅带来了一种穿越历史时空的感觉,而且营造了戏剧性的效果,让课堂顿时生动、明亮起来,充满了活泼泼的童趣。有人说'优秀的教师都是演员',不是说优秀的教师会演戏,而是优秀的教师善于营造浓烈的学习氛围,善于用学生喜欢的不同方式表达。"当然,这样的评价也只是我的思考而已,它的意义不在于能否帮助这位园长解决其"纠结",而在于可能会引发更广阔的思考。正是在这样的思考中,我们不知不觉地获得了成长。

读《教学机智——教育智慧的意蕴》一书,出现频率最高的一个词大概就是"反思"。"教育学首先召唤我们行动,之后又召唤我们对我们的行动作出思考,与孩子们一道生活以及反思我们与孩子们生活的方式,这两者都是我们的教育性生存的表现。"可见,反思既是教育本身的需要,也是教师成长的需要。

马克斯·范梅南认为,事实和价值、方法和哲学对于理解如何进行教育性的行动是很重要的,但是在教育的时机中,事实和价值都无法告诉我们怎样去做,该"如何做"这个问题从那些事实中归纳不出正确的答案。同样,"也没有哪个方法和计划本身能告诉我们该怎么做。它们能激起我们的教育思想,但不能告诉我们怎么做才好",因为"教育行动所需的知识应该是针对具体情境而且指向我们所关心的具体孩子"。而我们"不可天真地以一个民族为中心地认为,我们对孩子,所有的孩子,这些具体的孩子,都知道什么是好的",这样"反思儿童生活的环境和植根于其中的价值意义,可能会有助于我们提高我们的教育思想,并在与孩子们的日常生活中,增强我们表现出适当的教育理解的可能性"。具体教育情境的复杂性和儿童生活环境的不同,都决定了好的教育方式需要在深入的反思中寻找和确定。

马克斯·范梅南还认为，教师的任何一个教育行动，都受到某种教育哲学的影响，如受行为主义理论的影响，教师可能更倾向于控制，受人本主义思想的影响，教师可能会选择给予孩子更多自由，但教育的困难在于儿童的生活既需要自由也需要秩序："有时候我们帮助孩子学好做某些新东西是合适的，而有时候保持耐心让儿童自己去做更加重要。"如何确定什么对孩子是好的？在自由和控制二者之间如何找到平衡？这些对教师来说都是挑战，这样的挑战很难想象可以不经过寻根究底的反思来完成。同样，教师在任何一个具体情境中的教育行动都难以避免地受个人的经验、知识储备、价值观和道德准则等的影响，带着教师的主观烙印。这样的教育行动完成之后效果如何，与预期的目标是否一致，是否还有更好的选择等，自然也就有了反省的必要。因此，马克斯·范梅南特别指出："作为教师总是正确地行动，这是不可能的。认识到这一点，我们就得以解脱。我们必须接受我们个人的局限，同时也应该接受我们与孩子的日常生活现实所固有的局限。"因为局限，所以"如果我们没有对我们不时所犯的错误和失败感到内疚、后悔和自责的话，我们怎么能够继续抚养和教育我们的孩子呢？"正是在这个意义上，他强调"教育学是一种自我反思的活动，它必须愿意对它所做的和所代表的随时质疑"。

教师应该如何进行反思？马克斯·范梅南给出了行动前的反思、行动中的反思、教育情境中的智慧性行动、追溯性的反思四条反思路径，并以丰富的案例来加以诠释，指出在教育活动中指向未来的行动、行动的过程、过去的经历进行系统反思的必要性和可行性。

以行动前的反思为例。行动前的反思，也就是在行动之前对各种可能的选择仔细地进行反思，决定行动路线，计划我们需要做的各种事情，以及期望我们和他人由于我们计划的行动结果而可能获得的经历。

例如，一位母亲给老师打来电话，说她的女儿多萝西感到不舒服，不想上学。但是，她不敢肯定她是真病了，还是想象出来的。她知道最近几天多萝西感到不愉快，因为多萝西觉得在学校再也没有人喜欢跟她玩儿了。多萝西觉得有些孩子也有这种受到排斥的感觉。老师答应要调查此事。这种情况让老师有一系列的行动方案可以选择。老师是否该去和多萝西谈谈，建议她与她最好的朋友说说她受伤害的情感呢？（多萝西能够自己处理好这件事吗？她的朋友能够接受这样的方法吗？）老师是不是该事先悄悄地告诉多萝西的好朋友，先让她们了解多萝西的心情呢？（这些孩子会理解吗？她们是否会有些愤怒，使她们不能对多萝西产生同情呢？）或者老师对全班同学说说，看看有谁愿意与多萝西接触呢？（这是否会引起全部同学对多萝西的事情过多地注意呢？）老师是否可以采取一种更加间接的方式，与全班同学读一个关于友谊的故事，并谈谈被遗弃的感觉呢？（孩子们能够明白这个故事并从中受到启发吗？）老师是否可以提名多萝西作为"本周优秀同学"，让大家写一写她的优点呢？（会不会导致相反的结果，反而让其他的同学取笑多萝西呢？）或者老师该问一问多萝西自己，是否知道一种与她的同学言归于好的办法呢？（老师干预会不会让多萝西感到难为情呢？）这种期望性的反思指的是在这样的一些情境下，我们必须集中思想去面对一个具有挑战性的、令人困惑的情境，并采取具有教育意义的行动。

在这个案例中，针对多萝西的问题，教师有多种方案可以选择，但具体应该选择怎样的方案？教师不仅得对每个方案可能的效果作判断，更要对这个方案可能带来的负面效果进行追问思考。行动前的反思是指向未来的期盼性的反思，它有助于我们以一种有组织的、决策性的、有备无患的方式处理情境。超前计划课程或决定在教育情境中如何采取行动，是教育教学中不可或缺的常规行为，如教师备课，这是高质量教学的前提，缺少了反思，所谓"备课"只是一个可有可无的形式；相反，如果教师在备课中能够进行系统的反思，深入探寻儿童的学情，考虑不同教学行为可能导致的各种结果，审慎地选择教学方式，这样备课形成的教学计划（教案），才可能让课堂按照较为理想的预设进行，也才可能在出现教学意外时，教师能够根据现实情境随机应变。

苏格拉底说："未经省察的人生是不值得过的。"套用到教师身上，是不是也可以说"未经反思的教育生活是不值得过的"？教育面对的是各有不同经历的生命，人性的复杂，教育情境的丰富多变，都决定了没有任何一种理论、一种方法可以像万能钥匙一样打开教育这把锁。教师的成长，离不开学习，但更离不开对教育在场的思考。价值层面、方法层面、技术层面、事实层面无处不可以反思，无处不应该反思，只有形成系统反思的自觉，教师才可以不断深化对教育的认识，不断提高教学水平和教育艺术，才可以不断超越自我，逐渐形成自己的教学风格和教育思想，才可以不断接近教育的理想境界。

教学机智：教师应该走进的境界
——读《教学机智——教育智慧的意蕴》之三

谈到教学机智，我们一般会理解为教师处理突发教学事故的应变能力或智慧，是一种即兴发挥，如文章中的神来之笔，妙手偶得。然而，突发教学事故在教师的教学生涯中毕竟不常见，教学更多时候可能是波澜不兴的，因此教学机智似乎也只是锦上添花而已，并不被作为教师必备的专业素养研究，当然也未能受到足够的重视。但在马克斯·范梅南看来，教育教学的整个过程似乎都离不开教学机智，他赋予了教学机智更丰富的内涵，这从他对教学机智表现的描述中可以窥探一二。

教学机智表现为克制。"机智包含着这样一种敏感性，知道什么时候该随其自然，什么时候该保持沉默，何时不介入，何时'不注意'什么。"当孩子不能很好地掌握新的知识或者技巧时，当孩子的尝试总是失败时，当孩子表现得漫不经心时，当孩子似乎和平时有点不一样的时候，是不是都需要教师及时介入？马克斯·范梅南说："某件事，何时后退几步，而不去干预、干扰、打断别人的工作，大人对于这些机智的领会对孩子的发展来说是一个十分珍贵的礼物。"何时应该克制，何时应该马上帮助、干预、制止、批评等，有经验的教师会意识到，这显然不只是偶发的需要，而是教学中经常需要面对的情境。

教学机智表现为对孩子的理解。教学的冲突经常源于教师对学生行为的不理解，当教师无法以一种开放的心态试图去理解孩子一些莫名其妙的行为时，教学就永远走不进孩子的心灵。《特别的女生萨哈拉》中的碧斯老师就是这样一个典型。作为萨哈拉的特别辅导员,碧斯老师并不缺耐心,一看就是"好好做事"的人,她会认真记录萨哈拉的表现,会谆谆教导萨哈拉"要珍惜时间,把事情做好"。萨哈拉的感觉却是"我不喜欢她,非常不喜欢"。"碧斯老师"在学校中并不少见,他们"好好做事",却总是走不进孩子的心里。有时,教师的确很难真正了解一个孩子,但却应该对孩子保持一种"开放、支持和同情"。对此,马克斯·范梅南提出:"对孩子的经历保持开放,意味着努力避免用一个标准的和传统的方式来处理情况。这里的思想开放意味着一个人试图从成人以外的角度来看待孩子的经历。"

教学机智表现为尊重孩子的主体性。学习是一种主体性的体验,只有孩子意识到学习的意义,对学习产生浓厚兴趣,真正深刻的学习才会发生。但正如马克斯·范梅南所指出的:"学生可能就是有困难、缺乏兴趣,或者就是不知道怎样才能跨过障碍来到教师身边。"因此,"一位机智的教育者认识到要跨过街道走过来的不是孩子,而是老师。老师必须知道'孩子此刻在哪儿','孩子是怎样观察事物的',这个学生从他本身的角度遇到了什么样的困难,因而不能跨过街道走进学习的领域"。教学机智在此时,就是表现为如何帮助孩子走进学习的世界中,让孩子真正成为学习的主人。

教学机智表现为"润物细无声"。教师对学生的影响有时是在不知不觉中发生的,如同春风细雨,自然而然唤醒沉睡中的万物,滋养万物生长。《特别的女生萨哈拉》中的波迪老师就是这种机智的典范。波迪老师在布置学生写日记后,萨哈拉的日记中只写了四个字——"我是作家",波迪老师的评语是"我相信"!在萨哈拉连续四天没在日记上写一个字之后,波迪老师用红笔写道:"作家需要写作!"不仅如此,波迪老师还会在萨哈拉的日记里写上:"如果你听到别人说了一个你觉得很美、很漂亮的词,那就把它记下来,然后这个词就成了你的了。""别轻易地把你写的人物杀死,让他们一直一直活下去,就像在真实世界中一样。""知道怎么分辨哪些是主要人物吗?不是你非常喜欢的那个,而是总在变化的那个。"……这些话萨哈拉虽然有的还看不懂,但是

"写日记的时候,我总是会盯着她写给我的那些话,就像我脑子里有一个勤劳的搬运工,而她的话就是一块一块石头,我的搬运工搬呀搬,几乎把这些石头都搬进我的脑子里了"。正是在波迪老师润物无声的影响下,一个未来的作家被唤醒了。

教学机智表现为对情境的自信。不论教师如何精心地备课,如何预设好课堂的每个环节,课堂都会出现某种不确定性:一个学生十分不敬地、嘲弄地答话,全班失去控制,学生不愿意做教师要求他们做的事情等等。如何充满信心地面对这种无法预见的情境,对教师来说也是一种挑战。"具有了一般机智的老师学会了在不断变换的情境和环境中充满自信。最为重要的是,这样的老师能够将这种自信传递给自己的学生。"《特别的女生萨哈拉》中的德里是一个让老师头疼的问题学生,波迪老师刚接手班级,调整座位时,德里就给了老师一个下马威:

"我不是演员!"德里像火山爆发一样凶,"我是德里·赛克斯,你以后最好小心点看你的后脑勺,老师!"我们都呆住了。……"我怎样才能看见我的后脑勺?我后背上又没有长眼睛。"波迪老师好像在非常认真地对待德里发出的警告,还特意转过头,试试是不是真的可以看见自己的后脑勺。"怎么办?我没法一边看着我的后脑勺一边上课,真的做不到!"她还挺伤心地叹了口气,并且在日记本上写着什么。她嘴里念叨着:"任务……后脑勺……看好……见识……德里?德里·赛克斯对吧?你愿意帮我看着我的后脑勺吗?你如果能帮我分担这项难事的话就太好了,怎么样?帮我看着后脑勺,是你新学期得到的第一项任务。"德里蒙了,我们也蒙了。不过,我们都在笑,德里却没有。

这是一段非常精彩的课堂情景。波迪老师用自己的自信,从容不迫地解决了一个危机,赢得了孩子们的信任,树立了教师的威信。

教学机智表现为临场的天赋。在马克斯·范梅南看来,"一位不仅仅是作为知识传授者的教师需要不断地感知怎样做才是教育上正确的言行。换句话说，就像一个爵士音乐家知道如何临场演奏一首乐曲（去吸引观众）一样，老师知道如何从教育学上对课程进行临场的发挥（为了孩子的利益）"，这是一种临场的天赋，而这种天赋也是一种教学机智。诚如马克斯·范梅南所言，教学计划不是写出死板的讲稿，而是考虑、预期、想象教学会如何发展，孩子们会怎样体验或看待。教师可能一步一步精心设计好了教学流程，却一上课就发现孩子无法按预期的那样投入进来。蹩脚的教师会简单地强行按预设把课上完，或者放弃努力而改用别的什么内容来打发课堂时间；好的教师则认识到"学生的课堂体验决定了所学东西的最终意义"，也才能"机智地修正偏差或重新将课堂引到具有教育意义的方向上来"。

除了教学机智的表现之外，马克斯·范梅南还从教学机智的作用、教学机智如何实现它的目的、教学机智的重要性等方面对他的教学机智作了全面的阐述。实际上，仅从教学机智的六种表现中足以看出，马克斯·范梅南的教学机智在好的教学中应该是无处不在的，时刻都在发生着作用。在他看来，教学机智是一种全身心的投入，是在这种状态下，教师关注孩子、聆听孩子，从而对教育情境能够作出最佳反应的能力。依我的理解，马克斯·范梅南的教学机智是教育情怀和教育智慧完美结合的外在表现。若将具备这种教学机智视为教师职业的某种境界，如何才能达到这种境界？马克斯·范梅南在本书的前面部分事实上已经给出了答案：成为一个真正的教师是前提，反思性的教学实践是途径。

其教学机智最根本的内核是利他性："不是由无私地真正指向他人的'他者性'和利益所驱动的机智，不可能是真正的机智。"真正的机智应该是真诚的，是充满善意的，是完全从孩子的教育性需要出发的。马克斯·范梅南十分警惕虚假的机智，认为"它破坏了机智固有的目的——为人着想的目的"。他对过分显示炫耀机智的人表示怀疑："真正的机智，不但不炫耀，而且非常细腻，很难为人所察觉，虽然我们的确能够认识到它是人的一个优秀品质。"因此，他告诫说："首先，我们得记住教育性机智是教育学理解，注意孩子，聆听孩子。"教学机智是一种教育学上的"适合性"，是"一种使命感，一种对孩子的爱和关怀，一种强烈的责任感和危机盛行时的积极希望，一种反思的成熟，一种基于聆听和'看'孩子的能力的教育学理解，一种对年轻一代的普遍信任和同情的态度"。显然，在他看来，教学机智首先来源于教师的教育性生存，来源于教师成为"心向着孩子，心向着孩子生存和成长的固有本性"的真正的教师。

如何发展教学机智？马克斯·范梅南给出了路径："教师和学生之间的具体经历中的行动可能并不是反思性的。但是这种行动应该是全身心的投入，它获益于反思。这种全身心的行为能力，我们把它称作'机智'，教育的机智。"只有通过持续、全面、专业的反思，教学机智才能够成为教师一种自然的反应和职业的本能。马克斯·范梅南对如何在教育学实践中进行反思作了充分论述，此处不再赘述。但他强调的反思主要是个体性的反思，而个体的知识、经验、视野毕竟是有限的，个人的反思也总会遇到天花板，很难突破极限。事实上，教学对教师而言虽然是比较独立的个体行为，但学校生活却是一种集体性的生活，教师除了个体的反思之外，还应该进行集体性的反思，对同伴开放自己的教学及研究，构建互听、互学、互研、互助的学习共同体，汲取他人的智慧，相互滋养，相互促进，共同发展。马克斯·范梅南强调的反思主要是针对教育实践活动的反思，但在一个相对封闭的系统中，如果缺乏丰富的理论支持，缺少开阔的视野，哪怕集体性的实践反思也很难有大的成就。因此，教育性的反思还应该是一种学习中的反思，其中最重要、最便捷的是阅读，尤其是专业性的阅读，将专业阅读作为一种职业习惯，通过读、思、研、写，将实践和思考结合起来，教师才能够不断突破智识和思维的瓶颈，实现高层次、高水平的成长，达到真正教学机智的境界。

从课堂透视到什么？
——读《透视课堂》有感

研究教学离不开课堂观察。课堂观察是研究课堂的重要方法，也是教师通过同伴互助提升教学能力的基础性工作。但纵观学校教研中的课堂观察，其效果大都不尽如人意。

有人将课堂观察分为观教和察学。所谓观教，即以教师的教学行为作为主要观察点，尤其在以示范、展示、比赛等为目的的课堂中，观教者更是将目光聚焦于执教者"教"的表现上，课堂组织、教材处理、师生互动、课堂调控等都从"教"者的行为来观察；察学则强调以学论教，将学生的学习行为作为主要观察点，以学习者的状态和学习结果来评价教学。

在观教中，观者眼中只有教师，教师是课堂的中心，学生自然成为配角甚或只是道具，学生的学习是否真正发生、学生在课堂上获得怎样的情感体验等最核心的课堂要素，反而被选择性地忽略了。然而教学毕竟不是表演艺术，忽视了学生，教学永远也不会发生。察学则强调以学论教，重视学生的主体地位，这固然没有问题，但毕竟课堂上学与教是相伴相随的，有效的学必然有赖于合适的教学策略来支持或引发，观察的视角若只限于学生，而忽视教师在课堂中的主导作用，何以观察到学的成功是通过怎样的教来引导，或怎样的教才导致学的失败。事实上，课堂上教与学是交织在一起的两条线，教与学相互作用才构成立体、多样、灵动的课堂景观。研究课堂，只有既观教也察学，观察二者如何相互影响、相互促进、相互生发，真正的研究才会开始。课堂观察的对象是师与生、教与学这两对因子是不言自明的事情。

有效的课堂观察还要回到对"课堂教学到底是什么"的回答上。在我们的课堂教学语境中,"教学是艺术"大概是认可度最高的一句话。教学是艺术,就意味着教学是个性的、模糊的、即兴的、创造的,意味着其精妙之处只可意会不可言传,意味着教学需要一定的天赋。教学是艺术,课堂观察的视角基本上只能是欣赏或批评,只能有触动或感悟。以这样的视角来观察课堂,对观察者而言,深度的研究和学习可能很难发生。

事实上,我们也承认"教学有法"。"法"是方法,也是规律,既然教学有规律,那么教学当然还应该是科学。教学是科学,其本质就应该是可以研究揭示的,可以不断深化认识的。而我们对课堂的认识,缺失的恰恰就是"教学是科学"这个部分,长期以来我们对课堂的把握更多是建立在直觉、经验和师徒教授上,课堂观察也同样如此。正因为对"教学是科学"的认识是缺失或模糊的,课堂观察只能是从经验到经验,而难以有真正的研究。

《透视课堂》(〔美〕Thomas L.Good, Jere E.Brophy 著,陶志琼译)是一本对课堂教学进行系统论述的好书,本书汇聚了支持课堂教学成功的众多理论成果,结合教学实录的解剖分析,展示了完整科学的课堂景观。通读全书,让我们对每名教师都可以通过学习、研究、反思构建科学、理性、有效的课堂充满信心。

《透视课堂》开宗明义地告诉读者这本书探讨的是课堂"行动系统知识",目的在于帮助读者系统思考课堂事件的共同语言,经过系统的学习和思考教会教师如何管理课堂、如何呈现和传授教育内容、如何教授概念、如何布置高效率的作业、如何营造让学生成为主动学习者的良好学习氛围、如何发展学生的自主学习能力等等。本书第一章中的"对课堂讨论的分析",为读者呈现了一个课堂教学写真,并从动机、管理、教学和期望四个课堂最基础的维度对这节课进行了分析,虽然这只是本书的一道开胃菜,但开篇不凡,课堂讨论分析的系统性和深刻性都让人信服,足以让读者对下面的篇章充满期待。在阅读这个教学写真的分析前,我先进行了一番分析,然后再进行比照,相较之下,疏漏不少。在一个骨干教师培训班上，我将这个教学写真提供给学员讨论评议，结果不比我最初的分析评议更理想，学员的评议都在经验的范畴中，虽不乏精彩的点评，但明显缺乏系统评价课堂的眼光和能力，课堂"行动系统知识"普遍缺失。

《透视课堂》汇集了课堂教学研究的诸多理论和实践成果，但本书绝不是理论的拼盘，而是建立在课堂观察的基础上，通过案例对一线教师在课堂中遇到的真实问题展开探讨，紧密联系教学实践，抽丝剥茧，条分缕析，寻找导致教学满意度和效能感低的各种因素，帮助教师洞察课堂，克服教学的随意性，建构能够真正增强学生学习动力和学习效能，促进学生社会发展的优质课堂。值得一提的是，《透视课堂》（第十版）在原有版本的基础上，每章都增添了最新的研究成果，并增加了四章的内容，其中两章探讨的是学生多元化的问题，一章探讨的是技术及其在课堂中的作用，一章增加了测量和评价学生表现的有价值的内容。新增的内容事实上也意味着，课堂本身和课堂研究都是发展的，随着时代发展，课堂的关注点、课堂的支持条件等都会出现新的变化。

阅读《透视课堂》让我一直沉浸在收获的喜悦中，但也让我直冒冷汗，让我看到过去对自己教学的自信是多么无知和狂妄。因为《透视课堂》，我又走进了《学会教学》（〔美〕理查德·I·阿兰兹著，丛立新等译）、《课堂教学方法》（〔德〕希尔伯特·迈尔著，冯晓春、金立成译）等课堂教学研究的书籍。我也更加深信，只有建立在教学是科学的基础上，课堂观察才能真正透视课堂，才能走进全新的境界和实现更高的价值。我也深信，教学首先应该是科学。在科学的基础之上，锤炼自己的教学风格，教学才可能升华为艺术。忽视了教学的科学性，所谓"艺术"很可能只是自娱自乐。

起于生命，达于生命
——读《女教师的祈祷》有感

读《女教师的祈祷》（〔智利〕米斯特拉尔著），为之深深感动。"请赐给我爱，让我把它全部倾注在我的学校；连炽热的每一刻也不能夺去我对学校的情意。""让我比做母亲的更为慈爱，像母亲一般爱护那些不是我亲生的小孩。""让我的砖土学校有崇高的精神，让我热情的火焰去温暖它寒酸的门廊和简陋的教室，让我的心意和善良的愿望使它比富有的学校更为富丽堂皇。"每一句都是来自心灵深处的呼唤，每一句都饱含着无边的大爱。掩卷遐思，对教育、对教师又有了一份新的感悟。

教育的本质是生命的成长。朱小蔓说："教育说到底本质上是一种体现人的生命创造的事业，通过教师创造性的教和学生创造性的学来培养真正具有创新性品质的人，并不断生成与人的生命同步发展的崭新文化。"（《教育的问题与挑战——思想的回应》）是啊，教育应该是一项"起于生命，达于生命"的事业，是用智慧碰撞智慧，用爱滋养爱，用生命点燃生命。难以想象，没有教师生命的舒展，没有教师坚定的教育信念，没有教师无私的大爱，没有教师的雍容自信，教育能够孕育出伟岸的生命！

理想的教育无疑对教师有着超乎常人的要求。朱良俊说："教育的魅力就是让受教育者既拥有快乐的受教育过程，又拥有美好的未来。显然，在漫长的教育过程中，教育内容无疑能吸引学生。但教育方法，尤其是教育者的智慧、精湛的教学技能和人格魅力，更能时时打动并深深吸引学生。"（《吸引——向和谐的师生关系要质量体会之一》）在我看来，这种"吸引"应该是师生双方的相互悦纳、欣赏，应该是彼此心灵的开放和情感的自然交融，应该是生命的相互关照和成长。这种"吸引"，主动权显然在教师一方。要"吸引"，教师就应有善良友爱之态度，有理解包容之胸怀，有民主平等之个性，有贯古通今之博学，有人文关爱之行动。

让每个教师都成为有强烈"吸引力"的人，仅仅依靠教师个体的努力，仅仅依靠教师的职业良知，显然是不够的。从国家和社会层面来说，应该致力于真正形成全社会尊师重教的良好氛围，应该努力让教师真正成为令人羡慕的崇高职业。有人说，教育是不能批评的。话虽绝对，但我理解他的意思是，教育是需要整个社会推崇和关爱的，即使是批评，也应该充满善意和期待，而非以偏概全，非诋毁和破坏，教育应该成为一个社会理想和道德的高地，这无疑需要社会大众的细心呵护和成全。从学校层面来说，学校管理应该致力于形成信任、理解、尊重、人文的文化氛围，建设自主、自律的教师工作和成长机制，让教师有职业的尊严，让教师充分舒展生命，让教师尽情施展才华，让每个人都有为实现目标不懈努力的动力和激情。正如江苏省特级教师金沙所说："教育工作区别于工业生产模式的最大特点，就是过程的模糊性和个体的创造性。这是无法用制度法规严格控制和准确考量的，所以学校建设的根本目标，不是管制，而是解放；不是让教师俯首听命，而是让教师如鱼得水。"诚值得学校管理者深思！

只有教师饱含着对生命的热爱和敬畏来投入教育工作，教育"起于生命，达于生命"才将可能真正成为现实。

生命·生活·生长
——读《教育的目的》有感

《教育的目的》是英国教育家弗雷德·诺思·怀特海关于教育的经典著述，成书于1929年，全书每个篇章都是精品，可谓字字珠玑，博大精深，其中蕴含的深刻教育思想，即便在今天看来，仍然闪耀着不朽的智慧光芒。

《教育的目的》告诉我们哪些道理？

生命："人"是教育的根本目的

《教育的目的》开篇就对读者说："学生是有血有肉的人，教育的目的是为了激发和引导他们的自我发展之路。"激发和引导学生的"自我发展之路"，前提就是在教育者眼中，学生是"有血有肉"的人，每一个"自我"都是独一无二的生命存在，都是不可替代的，都应该获得同样的呵护和尊重。

教育的根本目的是"人"，必须警惕学校办学目标的异化。学校一切工作的出发点和立足点都应该是为了促进人的自我发展，远离名利之争。身在其中，学生能够时刻感受到来自师长的善意，感受到学校对生命成长的期待。

我曾应邀参加一所学校的教学研讨会，会议集中研讨一个问题：学校近年在市区的学业水平监控中居于下游水平，导致学生学业成绩滑坡的原因是什么？会上，很多教师认为学校社团活动太活跃，挤占了学生大量的学习时间，从而影响了学生学业成绩。听到这种批评，我很纳闷：社团活动怎么会影响到学业呢？

一位青年教师的发言为我解开了疑惑。这位教师对社团持肯定态度，但她提出：学校总要求社团代表学校参加比赛时要获奖，导致社团指导老师给学生施压，甚至挪用正常教学时间组织训练，这样就影响了学生的正常学习。原来如此！在这里，"获奖"成了社团的目的，"人"被功利遮蔽，被异化成了学校追名逐利的工具。目标异化，教育的失败不是必然的吗？正如怀特海所言："我实在信奉这样一条教育原理：在教学中，一旦你忘记你的学生是有血有肉的，那么你就会遭遇悲惨的失败。"类似的事例相信在现今的学校中并不鲜见。

教育的根本目的是"人"，要防止教育功利化。有人甚至将自然界优胜劣汰的丛林法则迁移到学校，过度强调竞争。

某名师在讲座中讲述自己的一个教育案例：初中毕业班的最后一节课，老师问学生："大家知道世界上最高的山峰是什么山吗？"学生齐答："珠穆朗玛峰。"老师又问："世界上第二高峰是什么山？"学生面面相觑，鸦雀无声。于是，老师在黑板上用力写下：屈居第二与默默无闻毫无区别！随即宣布以此作为给学生的临别赠言。班级响起了热烈的掌声……

这让我想起一个故事：

日本小提琴家铃木镇一上小学时，日本的升学竞争很激烈，所有家长都关心小孩的学习成绩。铃木的父亲对他成绩要求却不高，每门功课只要60分就可以了，这让小铃木很是意外。

"60分怎么行啊？"

"60分怎么不行？"父亲反问道。

小铃木一时呆住了。

父亲接着说道："60分就代表及格了，及格了就表示合格。你想想，工厂的产品合格就出厂了，既然你已经合格了，儿子，你没有必要把全部的精力耗费在争名夺利上。考第二名非要争第一名，考90多分非要争100分，一次100分不够，非要次次100分。儿子啊，求知是人世间最大的欢乐，如果你成天想到的只是考试分数，那求知不就变成一种无尽的苦难了吗？"

相比于激励学生"屈居第二与默默无闻毫无区别"的教育，铃木镇一父亲的教育境界显然要高远得多!

怀特海说:"人的天性各不相同,有很大的差异性。有的人可以鸟瞰,甚至融会贯通整个课程,而另一个人可能发现一些不相干例证。"他还强调:"我相信,在教育中如果排除差异化,那就是在毁灭生活。"每个孩子都是独一无二的,出生环境、天性、禀赋、兴趣等都不相同,教育者的眼中如果没有这种差异,而是用同一把尺子要求孩子,教育无疑是一场灾难!

生活:教育的唯一主题

"教育只有一个主题,那就是多姿多彩的生活。"怀特海以不容置疑的语气作了这样的判断,一切的教育活动都应该围绕"生活"这一主题展开,生活是教育的灵魂。

围绕"生活"这一主题,怀特海特别重视教育对精神生活的意义。怀特海强调:"不能加以利用的知识是相对有害的。所谓知识的利用,是指要把它和人类的感知、情感、欲望、希望,以及能调节思想的精神活动联系在一起,那才是我们的生活。"关注精神生活,是怀特海"有用知识"的一个重要方面。他说:"我一直担忧,如果我们不能用新的方法来迎接新时代,维持和提升我国人民精神生活的水准,那么迟早,那些落空的愿望会转化为狂野的爆发,我们将重蹈俄国的覆辙。"正因为如此,怀特海十分强调艺术教育的作用,认为"致力于发展一种纯粹的智力,必将导致巨大的失败",他指出:"在精神生活中,如果你忽视像艺术这样的伟大因素的话,那么你肯定会蒙受若干损失。我们的审美情趣使我们对价值有生动的理解,如果伤害了这种理解,你就会削弱整个精神领悟系统的力量。"对精神生长和心灵世界的高度关注应该是教育的重要使命,是学校课程建设的重要命题。

围绕"生活"这一主题,怀特海强调课程应该删繁就简,突出其核心价值。他要求"不要同时教授太多科目;如果要教,就一定要教得透彻"。因为"只给儿童教授一些少而精的科目,让他们对所学的东西进行自由的想象和组合，他们就会利用这些所学的知识去认识世界，并在现实中加以运用"。对此，怀特海借助数学课程作了详尽的阐述："我们正确地设想的初等数学给予的就是普通的头脑能有的那种哲学训练。但是，我们不惜任何代价要避免的东西是对细节无目的的积累。"在一系列的论述中，怀特海反复强调的是，数学课程的核心价值在于数学的思想方法及其对学生思维影响的价值。只有删繁就简，突出学科的核心思想方法，才能够避免教学在一些无关紧要的细节上纠缠，从而带来教学的变化。他认为，"如果我们一旦抛弃有害的填鸭式教学习惯，即对学生满脑灌输一些他们不理解也绝不会去用的定理，那就会有充足的时间来把他们注意力集中在一些真正重要的主题上。我们能使学生熟悉一些概念，而这些概念真正地影响了他们的思维"。

围绕"生活"这一主题，怀特海认为，学校课程应该是一个统一于生活的整体，学科之间应该相互包容或融合，反对科目之间相互对立。他批评道："我们从来没有教过如何把各种知识综合起来运用。这样一系列的课程能代表生活吗？充其量不过是上帝在思考创造这个世界时在大脑中闪过的一个目录表，而他甚至还没有想好怎样才能把它们融为一体。"他主张，"根除科目之间毫无关联的状态，这种分崩离析的局面扼杀了现代课程的生动性"。

以技术教育、文学教育、科学教育为例，怀特海认为，在这三种课程中，每一门课程都应该包括另两门课程："教育的每一种形式都应该向学生传授技术、科学、各种一般的知识概念和审美鉴赏力，学生所受到的任意一种训练，都必须与其他两方面的训练相得益彰。"同时，他认为对不同的学生，学习又应该有所侧重："即使是最有天赋的学生，由于人生时间有限，也不可能在每一方面都全面发展。"也就是说，课程应该相互渗透、相互融合，同时课程的学习又应该充分尊重学生的个别需求。正是基于这样的认识，怀特海特别重视学校课程建设的自主性和独立性，他指出："教育改革的第一要务是，学校必须作为一个独立的单位，必须有自己的经过批准的课程，这些课程应该根据学校自身需要由其自己的老师开发出来。"

围绕"生活"这一主题，怀特海尤其重视"智慧"的生成。知识是智慧的基础，但获取了知识，却未必就能生成智慧，智慧高于知识。智慧不是知识的简单积累和叠加，因此，怀特海特别反对照本宣科地传授"呆滞的思想"，反对填鸭式的灌输教学。他认为，"填鸭式灌输的知识、呆滞的思想不仅没有什么意义，往往极其有害——最大的悲哀莫过于最美好的东西遭到了侵蚀"。

教育生成智慧，怀特海强调要重视一般原理的教学，他说："真正有用的教育是使学生透彻地理解一些一般原理，这些原理能够运用到各种不同的具体细节中去。"同时，要重视培养学生的学习兴趣，"没有兴趣就没有智力的发展，兴趣是注意和理解的先决条件"。而要激发学生的学习兴趣，最好的方式就是快乐，"我们应该寻求一种符合自然发展规律的模式，这种模式本身令人愉快，让人在自身的快乐中去追求并安排个性的发展"。智慧的生成，还应该给学生以学习的自主权，"通往智慧的唯一途径是在知识面前享有绝对的自由"。

生长：适应学生智力发展的节奏

怀特海认为，生命中存在着很微妙的、涉及智力发展的周期，它们循环往复地出现，每一个循环期都各不相同，且每个循环期中又再生出附属的阶段。怀特海将智力发展的这种周期性称之为"节奏"，教育应该踩着这种"节奏"，在学生心智发展的不同阶段，采用不同的课程和不同的学习方式。

智力发展是一个"浪漫—精确—综合运用"循环上升的周期性过程。怀特海认为智力发展的浪漫、精确、综合运用这三个阶段构成一个循环周期，教育就是这些周期持续不断的重复过程。

浪漫阶段是智力发展的开始阶段，此阶段的学习以感性、直觉为主，需要提供广博、生动、直观的学习资源，让学习者摄入丰富的知识营养，要特别注意从孩子的热爱、兴趣出发，保护孩子的好奇心、想象力，发展孩子的创造力。

精确阶段是智力发展的第二个阶段，代表了知识的积累、补充和更加清晰、准确，"……在精确阶段，我们按照条理化、系统化的方式，获得其他一些事实，从而对浪漫阶段的一般事实作出揭示和分析"。值得注意的是，怀特海提醒在精确阶段并不是不需要浪漫了，浪漫只是退居幕后，教学中仍需要在精确知识的学习中培养浪漫精神。

在经历浪漫阶段的积累和精确阶段的系统准确学习后，智力发展进入综合运用阶段，"最后的综合运用阶段就是黑格尔所说的理论综合。这是在增加了分类概念和有关的技能之后重又回归浪漫"。综合运用阶段是智力发展的一个归属。

良好的教育要把握好自由和训练的节奏。怀特海认为在教育的开始和结束阶段主要的特征应该是自由，在中间阶段自由则要退居次要地位，以训练为主的智力发展形式。自由和训练不是绝对对立和割裂的，在教育的任何阶段都不能没有训练，或者没有自由，但是在浪漫阶段，重点必须放在自由上面，要"允许儿童自己观察，自己行动"。在精确阶段，自由则居于从属地位，训练占据主动，但即使是训练，怀特海也特别强调"自我训练"的重要意义，而这种自我训练，只有"通过充分享有自由才能获得"。到了综合运用阶段，智力发展将"脱离那种被训练的、比较被动的状态，进入积极主动运用知识的自由状态"。

怀特海根据其智力发展的节奏观，对从幼儿时期开始到青春期结束的大约17年间的学习作了比较细致的规划。这些规划对我们把握教育规律，顺应孩子内心需求的召唤，促进人的健康和谐发展，具有非常深刻的现实指导意义：只有适应儿童智力发展的规律，才可能"在学生的心灵纺织出一幅和谐的图案，把对学生直观理解来说各有其内在价值的不同教学内容，调整到各个从属的循环周期中去。我们必须在合适的季节收获合适的作物"。

为幸福出征
——读《盔甲骑士——为自己出征》

我认识几位成功的朋友,他们在各自的领域都相当优秀,在众人面前光芒四射,令人羡慕。然而私底下几个相知较深的朋友相聚时,其中有些人却总显得疲惫不堪,脸上写满了焦虑、沮丧、茫然。

一位相识多年的朋友,看着他一路披荆斩棘,骨干教师、学科带头人、特级教师、名师、名校长,每一个台阶都没有错过,其中的艰辛和付出可想而知。在公众面前朋友是名师,周身笼罩着耀眼的光芒,但我知道,他其实行走得很累,经常抱怨压力太大,背负的包袱太多,被那一个个所谓的"名师工程"绑架。

如果用幸福来衡量成功,一些在众人眼中的成功者也可能是生活的失败者。在我看来,名利二字,得失顺其自然,水到渠成为佳,古人云"学而优则仕",行有余力再顺势而为总是更好。过度追逐所谓"成功",忽视了内在的建设,对己对人,总难免有伤害,内心伤痕累累,外面树敌无数,有何幸福可言?

人怎么在追逐中丢失了自我?怎样才能让人获得真正的幸福?罗伯特·费希尔的《盔甲骑士——为自己出征》(温旻译)或许能够给我们一个可能的解答。

故事说的是,很久以前,在一个遥远的地方,有一个骑士经常穿着一身明亮耀眼的盔甲四处征战,这身盔甲几乎成了骑士的象征,让骑士威名远扬。随着时间的流逝,骑士越来越迷恋他的盔甲,不仅穿着盔甲用餐,而且经常穿着盔甲上床睡觉，最后干脆不再脱下盔甲了。渐渐的，连家人都忘了骑士不穿盔甲是什么样了。终于有一天，妻子朱丽叶忍受不了了，要骑士在盔甲和家庭之间作出选择。骑士决定脱下盔甲，选择妻儿。然而，骑士遇到了难题，因为盔甲太长时间未脱，已经无法从他身上脱下了，哪怕最高明的铁匠也无法帮助他。为了脱下盔甲，骑士找到智者梅林法师。梅林法师告诉骑士，脱下盔甲的唯一办法就是寻找到真正的自己。在梅林法师的指点之下，骑士踏上了"真理之路"，在小松鼠和鸽子的帮助下，经过寂静之堡、知识之堡、志勇之堡的重重考验，登上了"真理之巅"，终于脱下了盔甲。

我们每个人身上是不是都有一具盔甲？正如骑士钟爱自己的盔甲一样，因为"盔甲让大家知道他是谁——一位正义、善良又有爱心的骑士"。然而，这个"谁"真的是骑士自己吗？诚如梅林法师所说："你可不是穿着盔甲出生的，是你自己要穿上盔甲的，你有没有问过自己为什么呢？"骑士认为盔甲向世人证明了自己是一个关爱他人又心地善良的好骑士。梅林法师反问他："如果你确实是一个关爱他人又心地善良的好骑士，那么你为什么还要证明给别人看呢？"骑士即将踏上"真理之路"，梅林法师告诉骑士，途中有三座城堡会挡住他的去路，骑士的第一反应是"每座城堡里都会有一位公主，而我会杀掉看守公主的恶龙，拯救……"梅林法师厉声地打断了骑士，告诉他："你必须先学会拯救你自己。"

迷失在盔甲和自我之间难以自拔，正是骑士无法脱下盔甲的原因。只有认清自己，才能将自己和盔甲剥离。

然而认识自己何其之难，正如在寂静之堡中，国王说："我们中的大多数人都背负这脱不下来的盔甲，身陷其中，无法自拔。""我和同伴一起待在这座城堡里的时候，我发现在同伴面前我总是表现出我最好的一面出来。有人做伴的时候，我无法放下自己的屏障。同伴也好，我自己也好，都无法看到真实的我，无法看到我试图隐藏的是什么。"在寂静之堡，骑士终于开始看到了自己内心的一角，一直以来骑士都是以强大的形象出现的；而在寂寞之堡中，骑士不得不面对自己以前从未正视的事实：他害怕孤独！他遗憾地发现自己从来没有抓住现在，快乐地在当下活过。还有，大多数时候，他没有认真听过任何人的想法，也没有认真感受过任何事情，他看到了自己的自私。

在知识之堡中，"你是否曾经错把需要当成了爱"如同一道闪电击中了骑士：他需要妻子朱丽叶和儿子的爱，是因为他不爱自己！他需要那些被他拯救的少女的爱，以及那些他为之而战的人的爱，全都是因为他不爱自己。骑士意识到"他这一生都在以一种自以为会让别人喜欢自己的方式活着"。梅林法师告诉骑士，人都会有愿望，想要得到的东西很多，但应该区分"贪婪和必需"，区分想得到的是从思想里产生还是从内心产生："从内心产生的雄心壮志是纯洁的愿望。无须与人争夺，也不会伤害任何人。事实上，它于己于人都有益处。"因此，人们应该时不时静下来"用接受和感激的心对待事物，而不是四处奔波，以获取为目的，那么人们会明白什么是真正发自内心的愿望"。

在志勇之堡，骑士克服了疑惑和恐惧，通过了"认清自我"的考验，来到了"真理之巅"的脚下。"真理之巅"是一座道路崎岖的高峰，在攀爬中，骑士对未知的道路充满了恐惧，最后筋疲力尽，松手掉进了深渊。在感觉自己即将死去的一刻，骑士豁然开悟，放下了所有针对他人的成见，有生以来第一次看清了自己的人生，一瞬间"他全然接受了自己对人生的责任，别人对他的影响，以及过去的一切"。骑士获得了自我拯救："他和天地融为一体，他就是小溪，他就是月亮，他就是太阳，他可以是世间的万物。他就是爱。"

罗伯特·费希尔的笔调幽默诙谐，温旻的翻译文字也很清晰流畅，读之既轻松愉悦又意味深长、引人深思。沉浸在故事中，我就是骑士，骑士就是我，骑士不断探求，逐渐接近自己的内心，我也不断追问自己的盔甲是什么，不断反观寻找内心的真实。骑士最终脱去了盔甲，获得了拯救。而我，是否也脱去了自己的盔甲呢？登上了"真理之巅"，骑士是否从此就不再受困于盔甲，永远走在服从内心的幸福之路上呢？没那么简单！多次走过"真理之路"的国王这样说："'真理之路'是无穷无尽的旅程。每一次，我都会有新的感悟，发现新的大门。"新的"盔甲"随时可能出现,"真理之路"常走常新。

正如帕尔默所说:"真正好的教学不能降低到技术层面,真正好的教学来自于教师的自身认同与自身完整。"(《教学勇气——漫步教师心灵》)教师的教学生涯不可能一路坦途,教学的挑战来自方方面面,这些挑战都可能带来教师内心的冲突。好的教育者一定要有勇气走进自己的心灵,读懂内心,成为一个真实完整的人,一个孔子所说的"不忧、不惑、不惧"的人。也只有这样的人,才可能把教育当作自己的天命,真正爱教育,而不是爱身上的盔甲,才能真正在教育中得到幸福,也才能真正让受教育者幸福。《盔甲骑士——为自己出征》正是这样一本可以带你走进内心的书。

想脱下你的"盔甲",不妨跟着罗伯特的骑士一起走走这条"真理之路"。

对自己人生负责的姿态
——读《高效能人士的七个习惯》有感

不要误以为《高效能人士的七个习惯》是一本心灵鸡汤式的书籍，其实这是一本可以让我们学着如何更好地掌控自己人生的书籍，围绕积极主动、以终为始、要事第一、双赢思维、知彼解己、统合综效、不断更新七个习惯的养成，教我们如何重新塑造自己。

积极主动被列为第一个习惯自有其道理，后面的六个习惯显然都应该建立在积极主动的基础上。积极主动作为使用频率很高的一个词组，经常被用于强调工作的态度，本书则赋予它更多的内涵。

积极主动不仅指行事的态度，还意味着人一定要对自己的人生负责，而不是把喜怒哀乐归咎于他人和环境，把人生的成败归咎于虚无缥缈的命运。消极被动的人容易被环境和他人影响，别人以礼相待，他们就笑脸相迎，反之则摆出一副自我保护的姿态。心情好坏全取决于他人言行，任由别人的弱点控制自己。

《旧约》里有段约瑟的故事：约瑟17岁就被兄弟卖到埃及，成为埃及法老的护卫长波提乏的奴隶。面对同样的遭遇，很多人都难免自怨自艾，并对出卖和奴役自己的人满腔怨恨，但是约瑟却能够积极处世，专心磨炼自己，不久便备受信任，帮助主人打理家事，掌管财产。后来他遭人诬陷，身陷囹圄达13年之久，皆因他坚持不出卖自己的良心，即便身处这样的困境，他积极的态度依然不改，他从自身做起，时刻想着"我可以"而不是"如果"，化悲愤为动力，从而被人赏识，逐渐脱颖而出，掌管了整座监狱，后来又掌管了整个埃及,成为一人(法老)之下,万人之上的人物。

圣雄甘地曾说:"除非拱手相让,否则没人能剥夺我们的自尊。"如果我们受到各种伤害,伤害我们的并非遭遇本身,而是我们对于遭遇的回应。实际上伤我们最深的,既不是别人的所作所为,也不是自己犯的错误,而是我们对错误的回应,就仿佛被毒蛇咬后,一心忙着抓蛇只会让毒性发作更快,倒不如尽快设法排出毒液。

积极主动的人能够掌控自己的人生,不会怨天尤人,不会在无谓的抱怨和等待中消磨时光,不会给自己树立一个又一个的假想敌,不会内心惶急、意志消沉。人的一生难免会遇到艰难坎坷,难免会遇到恶劣的环境,难免会遇到失意、失败,积极主动的人知道自己需要的是什么,能够拨开迷雾看到既定的人生目标,不受一时一事的影响,能够从内心寻找力量,坚定不移地行走在路上,将人生的主动权掌握在自己手中。

一个积极主动的人一定是一个内心强大的人。一个人的强大,不在于你有多大的权势,不在于你拥有多少财富。世俗的成功固然令人羡慕,但无论财富还是权势都只是赋予人外表的光环和表面的强大,没有内心的支撑,一旦失去,则脆弱如稻草,这样的例子比比皆是。一个人的强大在于心灵世界的强大,心灵世界强大,则能清醒、清晰地认识自我,具有独立的意志,知道"我是谁""我要去哪里",不为外物所动,无论身处何境,内心都富足、阳光、快乐,所谓"一箪食,一瓢饮,也不改其乐"正是其写照。

宋朝大文豪苏东坡在贬谪黄州后的第三年写下了后世广为传诵的词章《定风波》:"莫听穿林打叶声,何妨吟啸且徐行。竹杖芒鞋轻胜马,谁怕?一蓑烟雨任平生。料峭春风吹酒醒,微冷,山头斜照却相迎。回首向来萧瑟处,归去,也无风雨也无晴。"这是我最喜欢的一首词,文字中流淌着智慧、从容、通透,流淌着能够从心所欲、掌控自我心灵的喜悦。是啊,权力能够将诗人的肉身贬谪到穷乡僻壤,又岂能困顿住诗人自由飞翔的心灵!与那些在历史的喧嚣中烟消云散的强权者相比,什么是真正的强大不言自明。

本书对我们改善教育工作也有一定的价值。在教育困境中，是主动出击还是被动等待？答案不言自明。一名校长、一名教师的力量极其有限，对宏观环境，个体难有作为。但一所学校、一个班级、一门自己任教的学科，校长、班主任、任课教师都还有选择的空间，都可以进行有效的变革，从微观生态改变做起，进而引发更大范围的改变。能够恰当地运用本书的原则，有意识地重塑自我，让自己成为高效能的校长、高效能的教师，对教育而言，功甚大焉。

遇见更好的自己

海沧区幼儿园第五届"悦读月"活动正式启动,其主题为"悦读悦美",其意正如有人所说:"阅读让人遇见更好的自己。"这句话道尽了阅读的动人之处。

为什么"悦读"能让我们遇见更好的自己?

因为阅读可以与人类历史上最有智慧的人对话,能够聆听他们穿越漫漫时空给我们的教诲,启迪我们的智慧,拨开我们心灵的迷雾,提升我们的人生境界和生命层次。读《论语》,"人不知而不愠,不亦君子乎",让我们明白与人相处的智慧在于做好自己,在于理解包容,让我们更加淡定从容。读"德之不修,学之不讲,闻义不能徙,不善不能改,是吾忧也",我们是不是感到羞愧?一个在当时就是普遍公认最有学问,已经站在时代巅峰的人,还在担心自己修养不够,时常担忧自己不能闻义而行、闻过而改。那么,我们又有什么理由自满,有什么理由在学习面前停步不前呢?孔门弟子三千,真正能够经常在身边聆听教诲者不足百人,可时隔近2500年,因为《论语》,因为阅读,我们却能成为夫子的隔代弟子,这是何等幸运的一件事情!因为书籍,因为阅读,我们当然远不止孔子这位老师,苏格拉底、柏拉图、孟子、朱熹、王阳明、蒙田、培根、康德、罗素等先贤,都可以成为我们的老师,和这些古圣先哲对话,走进他们的心灵世界,聆听他们对生命、对世界的思考,我们由此可以直接跨越蒙昧、经验、直觉的层次,进入不一样的人生境界,即"更好的自己"的生命层次。

因为阅读可以让我们看到天地人之大美，让我们的心灵更加立体丰富，让我们能够有更敏锐的感知力，更能亲近自然，更能理解人性，更能体验生而为人的幸福。读唐诗宋词，我们既惊叹诗人笔下文字之优美神奇，也透过诗人的描绘看到一幅幅画卷，一个个故事，以及感动人类无限美好的情感。"黄河之水天上来，奔流到海不复还"是自然的壮阔之美；"落霞与孤鹜齐飞，秋水共长天一色"是万物和谐共生之美；"举头望明月，低头思故乡"是乡愁之美；"竹杖芒鞋轻胜马，谁怕？一蓑烟雨任平生"是洒脱通透之美；"夜阑卧听风吹雨，铁马冰河入梦来"是豪迈悲壮之美。读历史，我们看到历史长河中星光璀璨，无数先哲、无数文人墨客、无数科学巨人、无数英雄志士，书写了人类灿烂的文明，这里面处处闪耀着人类奋斗之美、智慧之美、思想之美、精神之美、人性之美。读文学作品，我们经历一次次不一样的生命旅程，让我们灵肉抵达于现实世界中我们可能永远无法触及的地方。《山海经》《红楼梦》《简·爱》《悲惨世界》《基督山伯爵》《红与黑》《战争与和平》《安娜·卡列尼娜》《静静的顿河》《老人与海》《百年孤独》等，一部书就是一个世界，这个世界既是现实的投影，又超越现实，融入作者自己的想象，蕴含作者的情感和生命体验。读这些伟大的作品，我们如同多生活了一世又一世，经历了不同炉火的淬炼，心灵中沉睡的真善美会被逐一唤醒，灵魂会在不知不觉中得以升华。我们生命的长度不变，但因为阅读，我们生命的宽度却已无限辽阔，我们由此遇见了一个又一个"更好的自己"。

追求更好的自己，不正是我们来到这个世界最伟大的意义吗？阅读让我们遇见更好的自己，我们当然应该走进阅读。

"悦读悦美"中的"悦"也不容忽视。如何"悦"？唯有好书才能读之欣悦。读书应当读好书！那么，我们应当"悦读"什么样的书籍呢？文史哲当然都应该成为我们的"悦读"对象，但作为教师，我们还需要"悦读"专业书籍。有深度的专业阅读，才能让我们成为一名出色的教师，让我们在工作中游刃有余，自己"悦美"，同时也能让他人"悦美"。

读《爱弥尔》《教育的目的》《民主主义与教育》这样的教育书籍，让我们对教育的本质有更加深刻的理解和思考，知道什么应该坚守，什么应该坚决摒弃。

读《童年的秘密》《发现儿童》《教学机智——教育智慧的意蕴》之类的书，让我们对如何实施教育有了更加清晰的认识，知道好的教育应该关注什么，应该从何开始。

当然，一些直接指向教学技术的书也不能不读。我在看《透视课堂》这本书时被震住了，原来课堂教学有这么多的奥秘，是如此高深的一门技术活，让我对课堂有了更多敬畏之心，让我对教师专业化有了更深切的理解。

阅读和写作结合会有更加奇妙的"悦美"效果，为自己而写，写下你点点滴滴的阅读思考，日积月累，沛然可观，你会发现所读的书籍已然化为你的思想，已然流进你的血脉，你会发现，此时的你，由内至外，真的很美！

悦读悦美，让我们不断和更好的自己相遇。

给孩子的最好礼物

4月2日是儿童文学作家安徒生的诞辰日，也是国际儿童图书日。东孚学区化办学联盟选择在这个日子举办"亲近母语，悦读伴我成长"第一届阅读节启动仪式，意义非凡。

阅读是关系到孩子未来可持续发展的奠基性工程，已成为东孚学区化办学联盟各校的共识。真正关注并致力于推动儿童阅读，是一种教育觉醒。我期待阅读这棵树，能够在东孚各校根深叶茂，郁郁葱葱。

作家格非在他的著作《博尔赫斯的面孔》中讲述了这样一个故事：

从前在开罗有个人，有一天在自家庭院的无花果树下睡着了，并做了一个梦。梦里一个浑身被雨水打湿的人，嘴里咬着一块金币来拜访他，告诉他，他有一笔巨大的财富在波斯的伊斯法罕，到了那个地方，他就可以得到这笔财富。第二天一早，开罗人就出发去寻找他的财富了。

开罗人一路跋涉，历经艰辛，终于到达了伊斯法罕。抵达时天已经黑了，开罗人就在路边的一座清真寺里寄宿。不幸的是，那天晚上，一伙盗匪劫掠了清真寺。等官兵闻讯赶到，盗匪已经逃窜，陌生的开罗人被官兵作为嫌疑人羁押起来。审问时，开罗人告诉官兵自己受梦境指引来到伊斯法罕的经过。官兵队长听了哈哈大笑。他说，他曾经连续三次梦见自己的财富在开罗的一个庭院里，庭院的花园里有一座日晷，一棵无花果树，边上还有个喷泉，他的财富就在喷泉底下。可是，他不像开罗人那么傻，从来不去理会这么荒唐的梦境。

开罗人被释放后，立即踏上了回家的旅程，他回到自己家里，挖开了自家院子里的喷泉，喷泉底下果然藏着巨额的黄金。

这是阿拉伯民间文学《一千零一夜》中的一个故事。《一千零一夜》已经成为世界级的经典文学瑰宝，滋养了无数的人。受这个神奇寻宝故事的启发，阿根廷作家博尔赫斯写了短篇小说《两个做梦人的故事》，巴西作家保罗写了长篇小说《牧羊少年奇幻之旅》。格非则认为这个故事可以看成文学写作本身的某种隐喻。

我最初读这个故事时，觉得这是一个关于梦想与行动的故事。心动不如行动，梦想只有付诸行动，才有实现的可能。一个成功的人，首先一定是一个彻底的行动者，只有在行动中，梦想才有价值。而当我在推动区域阅读时，再次读到这个故事，它又给了我不一样的启示：每个人自身就有一座丰富的宝藏，就如同开罗人自家院子里的黄金一样，不假外求。然而这个宝藏是隐藏在身体深处的，无法自行显现，需要去探寻、发现，需要有一把开启宝藏的钥匙，宝藏才能够真正属于你。开罗人是通过一段旅程，一段与官兵队长的对话，获得了启示，才挖掘出了自己的宝藏。这段旅程和对话就是开罗人获得宝藏钥匙的必经之路。浩瀚书海，是一个无比广阔的世界，阅读的本质就是在这个世界中展开的一场场旅行，一场场通过文本与世界对话进而探寻自我的过程。因而，阅读也就是获得开启每个人自身宝藏那把钥匙的必经之途。阅读，给我们提供了无限丰富的对话空间，在这样的对话中，我们得以不断反观自己、发现自己、开发自己、提升自己，从而找到自己身上独一无二的宝藏。

这就是阅读的魅力。一篇好的文章，一个有趣的故事，一部经典的文学作品，蕴藏的思想丰富性不因时间流逝而有所减损，同样的文本，不同的人，不同的时期阅读，都会有不同的启发，或启迪智慧，或净化心灵，或激发某种伟大的志向，或潜藏着在某日突然开花结果。阅读之于每个人的意义也许不尽相同，但其共同价值在于让我们能够成为更好的自己。

作家周国平先生说："每个人在一生中会有各种其他的身份，……但是，如果不同时也是一个读者，这个人就肯定存在着某种缺陷。"儿童文学作家曹文轩说:"阅读是对一种生活方式、人生方式的认同。阅读与不阅读,区别出两种截然不同的生活方式或人生方式。这中间是一道屏障,一道鸿沟,两边是完全不一样的气象。一面草长莺飞,繁花似锦,一面则是一望无际的、令人窒息的荒凉和寂寥。"

阅读,才能让人过上可能的完整生活;阅读,才能够让我们有草长莺飞、繁花似锦的人生气象。无数事实表明,儿童时期的阅读经历对孩子能否形成终身的阅读习惯至关重要。老师们,家长们,成人世界能够送给孩子们的礼物,还有什么能够比让孩子走进阅读、热爱阅读更贵重的呢?孩子们,你们还需要犹豫吗?捧起书,每天读上至少一小时,这应该比你每次都考100分还要重要得多。

拿起书吧,让书籍成为照亮我们生命的一盏盏明灯,让阅读成为支持我们成长最可靠、最可持续的力量。

中篇

思：追寻对的教育方式

日本教育学者佐藤学先生谓学校变革为"静悄悄的革命"，我喜欢这个意境，学校办学就应该如此，既不喧哗、不浮躁、不攀比，又有愿景、有行动、有担当，"静悄悄的"就有了自己的特色。

学校中需要帮助的不仅是新教师，持续的专业支持是所有教师都需要得到的帮助。

法国文学家罗曼·罗兰说："我看透了这个世界，但我仍然热爱它。"这就是教师应有的胸襟气度。

亲爱的老师，假如你在面对儿童时，忘记了你应该是天使，忘记了爱，忘记了守护，那么，即使你背负着一对天使的翅膀，也可能带给孩子一生难以挥去的梦魇。

优秀的教师，应该是始终关注学生，关注教育本身的教师，而所谓的功成名就，一定是实至名归，是无心插柳柳成荫，是桃李不言，下自成蹊。还优秀以本来面目，我相信，教师的真正幸福离不开优秀。

教师应该确信的一些教育观念

观念影响行为，每个职业都应该有属于自己行业的重要职业观念，这些职业观念是从事这个职业的人应该遵守的底线，也是其作为合格的职业人的重要保证。教师也应该有入行就应该确信并逐步形成职业本能的思想观念。在我看来，以下这几条都是教师应该形成的思想观念。

教学不等于教育

教学包含在教育中，这是不言自明的，但在实践中，教师往往会将教学等同于教育，忽视了教育除了教学以外的其他功能和目标。总会在不经意间，以教学代替教育，我们汲汲于学生的学业成绩，将学业成绩好的孩子自然地划入优秀的行列，忽视了他们作为成长中的人，除了成绩，很可能有其他方面的缺陷，有更多需要我们关注的地方；我们毫不犹豫地将学业成绩不好的孩子以"差生"看待，却忽视了他们被贴上标签的感受，我们甚至因此而看不到他们其他闪闪发光的地方。而这两个方面的忽视，事实上都是危险的，在这样的漫不经心里，我们有失去公平、公正的风险，我们的行为可能会有偏差，我们的教育方式可能让一些人最终成了"危险品"或"次品"，也可能让一些人失去了最佳的成长时机。记住教学只是教育的一部分，用平等的眼光看到每个人，看到每个人除了成绩之外还有更多对他一生来说可能更为重要的东西，试着去唤醒、激发、点燃，才可能真正成全每个人。

每个人都是独一无二的

世界上没有相同的两片叶子，更不可能有完全相同的两个人。我们的学生也同样如此。这个道理其实大家都懂，可用同一把尺衡量不同的学生仍然是我们常犯的错。我们希望每个学生学业都很棒——用学业这把尺衡量，我们希望他们既活泼又乖巧——用乖孩子这把尺衡量……我们衡量出了三六九等，衡量出失败者，衡量出"差生"。我们为此纠结，怀疑自己的教育能力，没有了成就感。更可怕的是，那些被测量为不合格的学生，在学校这个环境中，也越来越感觉到自己真的是个失败者。在这样的死循环中，无论教育者还是受教育者，都是不幸福的。苏霍姆林斯基说："并非所有的孩子都具有同样的能力，一个孩子很轻松地就能得到'五'分和'四'分，而另外一个孩子得到'三'分就是很大的成就。"这实在是一个再普通不过的常识，但这个常识却又总被有意无意地忘记。有的老师说："没有教不好的学生，只有不会教的老师。"我理解她的意思，所谓的"好"是多向度的，每个孩子都有可能发光，只是你能否发现而已，找到这个可以发光的点，他就会成为这方面的佼佼者。至少，他可以成为一个合格的公民，可以成为一个能够感受幸福的人，这不就是成功的教育吗？优秀的教师愿意相信每个人都是独一无二的，各自有其价值。

每朵花开的时间都不一样

自然界中每种花都有属于自己的花季，这个花季有长有短，但都会集中在一段时间里，而具体到每朵花，开花的时间都不一样，短则相差几秒几分，长则相差几天。正因为有这样的时间差异，自然界才赐予我们较长的赏花时节，这是多么美好的事情。然而，落到人身上，我们却选择性地忘记了，每朵花开的时间都不一样，同样每个孩子心智开启的时间也不一样，有的孩子语言能力四岁左右就很发达，有的孩子则要到八岁左右，有的孩子逻辑推理能力可能六岁左右就很成熟，但有的孩子可能要到九岁左右才骤然开窍。长期循环带班的教师会发现，总有那么几个孩子，原来表现平平，某个节点上却有如神助一般异军突起。所以，老师们一定要记住，不要轻易给一个孩子贴标签，也许他只是这方面的心智还没成长起来而已，也许他的成长还需要某个契机，因此，教师一定要学会等待，如同蒙台梭利所说，静待观察！给孩子以时间，给孩子以默默的支持，给孩子以恰当的帮助。

犯错是孩子的权利

李希贵校长曾说："犯错误是学生的权利。"我赞同这样的观点。每个人都会犯错误，成年人也不例外，我们一生正是在大大小小的错误中成长起来的。未成年人心智尚不成熟，好奇心强，爱冲动，是非观念尚未完全确立，容易犯错误是再正常不过的事情。允许学生犯错误，让他们从错误中学习，应该成为一种教育观念。某种意义上，错误正是人成长的阶梯。记住这一点，对待学生犯错误，处理起来就会多一分理解和包容，就会更多从爱护学生、帮助学生成长的角度来思考教育对策，就会更温情，更有教育性。

好成绩是"学"出来的

要想让学生获得普遍好的学业，一定要记住，好成绩是学生自己学出来的，而不是靠教出来的。换句话说，只有激发学生学习的动力，教给学生学习的方法，让学生乐学、能学，才有好的成绩。有的教师不可谓不用功，课堂争分夺秒，耳提面命，反复讲练，就怕学生没听进去；课后加班加点，给学生补课，面批作业等等，但教学效果就是不佳。为什么？因为着力点不对，不想方设法让学生主动学起来，花再多的功夫也不会有大成效。古人说"授人以鱼不如授人以渔"，其实"授人以渔"也还不够，还要想方设法让人"想吃鱼"，有了内生的学习动力，好成绩对多数孩子应该是必然的结果。

良好的师生关系是教育成功的基石

有经验的教师都知道，所谓"亲其师，信其道"，良好的师生关系，能够让教育事半功倍。建立良好的师生关系，主动权在教师。但要记住，良好的师生关系绝对不是刻意去讨好学生、迁就学生。恰恰相反，教师对学生严格要求，对教育工作高度负责，有自己的原则和底线，才能得到学生真正的尊敬和爱戴。建立良好的师生关系，平等、尊重、信任是基础，教师有民主意识，能够和学生平等对话，乐于倾听学生的声音，尊重学生人格，尊重学生的自主意识，信任学生的成长愿望，信任学生自我管理的能力，真正倾心于教育，用心关爱每个学生，对学生成长满怀真诚的期待，良好的师生关系自然能够形成。

家长是最重要的教育合作伙伴

教师要记住，家长不是对手，而是最重要的合作伙伴。有的教师觉得家长是最难对付的一个群体，不但不主动配合教师，还处处挑刺，拿着"放大镜"找他们的错误。基于这样的认识，教师就会自动产生抵御心理，将家长作为对手来看待，家校无法形成教育合力，既不利于孩子的成长，也影响了教师的工作效能。不可否认，的确存在难以沟通，甚至不讲道理的家长，但绝大多数家长一定是愿意主动配合教师和学校工作的，教师和家长对孩子成长的期待都一样，有了这样一个最大的共同目标，就有了双方形成良好合作伙伴关系的基础。在教师和家长的关系中，教师应该是主动的一方。作为专业人士，教师应该用专业的方法来引领家长，主动加强和家长的沟通交流，如，帮助家长正确看待孩子成长过程中遭遇的挫折，指导家长纠正家庭教育中的偏差行为，引导家长形成良好的亲子关系，为家长提供比较专业的咨询和支持等等，而不是将主动权交给家长，被家长的情绪左右，更不能成为一名只会告状的教师，或只会给家长布置任务的教师。

善待教师，请给予专业帮助

都说要善待教师，那该如何善待教师呢？在我看来，就学校而言，少给教师贴标签，多给教师及时的专业帮助很重要。

招聘考试成绩名列前茅，新教师岗前培训表现优异的 A 老师，任教一个学期后被划入"不理想"的教师之列。

见习期区级考核获得优秀等次的 B 老师，因为与学生、家长沟通时发生冲突，差点被学校评定为"基本合格"等级而延期转正。

C 老师被分配到一所九年一贯制学校初中部任教，因为个性柔和，班级管理能力较弱，课堂教学组织不佳，任教不足 20 天就面临着可能被调整到小学部任教的困境。

我们都曾经可能是 A 老师、B 老师或 C 老师，是突围还是沉沦，和自己的禀赋、努力有关，也与是否获得及时的帮助有关。

30 年前，我毕业分配到一所乡镇初级中学任教，担任初三两个班的数学老师和一个班的班主任。没有任何人教我班主任工作应该怎么做。为了管住已经换过好几个班主任的"乱班"，我也采取了很多激烈的手段：迟到罚站、作业没完成面壁思过、课堂纪律不好全班中午留堂等等，甚至还偶有体罚。记得有一次，我们班一个学生欺负初一的学生，被欺负的学生哭着找我告状，我把两个学生都叫到办公室，让初一的学生将我们班学生"打回去"。初一的学生不敢出手。我叫我们班学生转身面朝墙壁，让初一的学生踢他屁股。初一的学生满意离去后，我批评教育了我们班学生一番，跟他说恃强凌弱的男人是最怂的。后来我才很羞愧地意识到，这个学生之所以接受了他被踢的安排，是因为在我面前，他是弱者而已。回想起来，职业初期完全凭着本能和有限的间接经验做教育，磕磕绊绊，什么时候有可能摔跟头完全没有自主意识，在最需要帮助的时候没有获得任何帮助。值得庆幸的是，当时的社会环境对教师还算宽容，我在工作上也还勤勉，师生关系融洽，倒也没人给我贴一个"师德有问题"的标签，才得以在放羊式的自主生长中逐渐走上职业的正轨。

任教五年后，教学进入了一个瓶颈期，没有一节课是自己满意的。于是，我备课时花大量时间思考，不断地调整教法，但总感觉收效甚微，基本还是在原地打转，无法突破。那种感觉非常糟糕、痛苦。转机来自一套教学参考书，一套在逛书店时偶遇的教学参考书。这套书和教材配套的教参完全不同，对教材内容的广度和深度多有拓展，教法学法的分析侧重在探讨各种方式可能的影响，尤其值得称道的是，每个单元都从单元整体的分析开始再进入每节的分析。研读这套书给了我很多启发，帮助我度过了那段非常痛苦的职业瓶颈期。

人无完人，学校给新教师怎样的期望，也许他就会成长为学校期望的样子。A老师、B老师、C老师都是幸运的，他们在遇到困难时得到了来自学校、教研部门、同事的帮助和支持。

A老师之所以被认为"不理想"，是因为她的教学成绩一度居于年段倒数第一，且身上还有其他小毛病。但是，第二学期期末考试，这位老师的教学成绩就进入了年段的中间位置。她在和教研员的专业成长对话中说："感觉自己用心备课，可是孩子们并没有掌握，所以就一直稳居年段最后一名。因为我忽略了学情，觉得我们班的孩子和别班的一样，照搬照抄前辈的套路，事实证明绝对不可以。后来自我反思与不服输的倔强，让我下定决心，终于由最后一名变成了中间位置，但还没达到年级组前三，有点遗憾。"A老师无愧于她的优秀，在同教研组老师的帮助下，她没有在他人轻率的眼光中败下阵来。

B老师也用行动和业绩证明了自己的优秀。种种问题不过是年轻气盛、耍耍小聪明，不过是缺乏经验而已。获得适当的帮助后，B老师就是一名合格的班主任。

C 老师原本已经做好了不行就辞职的打算，向教研员吐露这个想法后，被教研员劝阻了。当晚教研员找了几位优秀教师，教她如何驾驭课堂、如何组织教学，教她如何设计教学，帮她找到她的症结，她的教学能力得以迅速提升。一段时间后，学校欣喜地看到了 C 老师的成功转变。

新教师入职初期会遇到很多棘手的问题，教学、管理、德育、与家长的沟通等各方面都可能遭遇意想不到的困难和挑战。有的老师凭借自己的天赋、学习、韧劲等可以迈过，得以拔节成长；有的老师可能会寻求帮助，从身边乃至学校之外寻求帮助，让自己走出困境；有的老师则可能回避或退却，承认失败，从而失去职业信心和追求，走向平庸。因此，善待新老师，千万不要轻易给他们贴标签。教师需要学校的肯定和鼓励，但更重要的是需要学校及时伸出援手，给他们提供实实在在的专业支持，帮助他们找到自己的问题，帮助他们寻找到解决问题的方法，从而帮助他们把成长中的障碍转变为向上的阶梯。

学校中需要帮助的不仅是新教师，持续的专业支持是所有教师都需要得到的帮助。

很多学校受困于中年教师的职业倦怠问题。有些教师 50 岁不到，就毫无职业热情，倚老卖老，出工不出力，存在着教学效果差、学生不欢迎等诸多问题。依我的观察，一所学校如果中年教师的职业倦怠成为普遍性的问题，最主要的原因一定是学校缺乏教师专业成长的持续支持机制。教育教学是一项需要专业能力、智慧、情感投入的事业。但因为缺乏专业支持，中年教师无法获得足够的能量补给，体力精力退化，技术方法僵化，情感淡漠，心灵枯萎，精神枯竭，教育教学工作越来越吃力，感觉力不从心，无法跟上年轻人的步伐。这一切让他们沮丧，逃避、退缩、溃败几乎是必然的结局。

在一所能够给予教师持续专业支持与帮助的学校，哪怕是年近退休的老教师也会充满活力，其精神面貌依然是饱满昂扬的。老教师虽然在体力上无法与青年教师相媲美，但因为持续的专业滋养，他们像醇酒一样愈久弥香，其精湛的教学水平，深厚的智慧积淀，兢兢业业的工作态度，提掖后辈的长者之风，足以让他们始终散发着迷人的芬芳，影响着身边的每一个人。

每名教师的成长之路都可能遇到障碍甚至失败，能否获得及时的支持和帮助，向失败学习或者低头，也许就是人生的分水岭。教师在职业生涯中遇到的问题有共性的也有个性的，问题不仅来自工作，也可能来自生活，需要的帮助可能各不相同，我们很可能没有能力给予及时有效的指导和帮助，但很多时候书籍可以做到，浩瀚的书海里可以找到每个人正需要的那本书。以我个人的经验，刚走上教育之路时，正是因为波利亚，我对数学教学有了更深的认识；因为苏霍姆林斯基，我知道原来教育可以这样有温度；因为陶行知等大家，我对教育的目的有了更多的思考，我的精神世界才渐渐充盈。在缺乏其他帮助的情况下，书籍是我最好最及时的良师益友。

相信每名教师都渴望成长，相信只要给予合适的土壤，每名教师都可以成为好教师。基于这样一种信念，引导教师走上阅读之路，提供丰富多样的好书，推荐不同职业阶段适合阅读的书，营造好的阅读和分享氛围，让教师在阅读思考中遇到更好的自己。这是每所学校可以做到，可以给予教师的帮助。

好的学校始终关注自己的教师，能够给予教师持续的成长支持；平庸的学校是放羊式管理，适者生存，自生自长；差的学校则可能在教师遇到挫败时就开始放弃他。

我们带给孩子的会是什么呢？

"最初，人只是从生物和法律意义上'知道'自己已成了父母或老师。……真正使人成为父母或老师的主要是一个如何像父母或老师那样生存的问题。"（马克斯·范梅南）老师必须具备专业性毋庸置疑，父母是孩子的第一任老师，某种意义上也需要"专业"，所以无论父母还是老师，都需要学习，需要思考，需要成长。否则，仅仅出于本能，出于美好的愿望，我们的所作所为可能恰恰走向教育的反面。

女儿两周岁左右时，我们开始教她背诵简单的诗词，女儿似乎也表现出不错的理解力和记忆力，像骆宾王的《咏鹅》这类诗，她可以毫不费力地背诵。有客人来家里时，女儿就很大方地给大人背古诗，博得大家的掌声。女儿很开心，我们也为女儿的聪慧感到高兴。

有一次，我教女儿背诵古诗"一去二三里，烟村四五家，亭台六七座，八九十只花"，讲了下诗的大致意思，又让她跟读了好多遍，女儿就是记不住。我的语气可能就有点不一样了，女儿突然嘴一撇，转头跑出房间，跑到大厅趴在沙发上哇哇大哭起来。那一刹，我被震动了，我知道自己犯了愚蠢的错误——我已经刺伤女儿宝贵的自尊心了！才两岁的孩子呀，竟然已经有如此强烈的自尊，竟然对他人的情绪已经如此敏感！

事后我反思自己，为什么我脸色不好看了呢？无非是我对女儿智力的预期与现实有了差距，我内心希望女儿即便不是天才儿童，智力也应该远超一般儿童，我无法接受她是平凡的，是和绝大多数孩子没有本质上的智力区别的。在这样的预期中，我忘记了女儿还是一个没有数字概念的幼儿。对成年人而言，这样一首由连续数字组成，饶有兴味，又充满乡野气息的诗，自然好记。但对幼儿来说，数字却是抽象的。理解数字是思维的一大发展，我用成年人的心智水平来要求女儿，只能说明我对幼儿教育的无知。这样囫囵吞枣的背诵，与其说是对孩子"不输在起跑线"的所谓早教，不如说是成年人虚荣心作祟的游戏。苏霍姆林斯基告诫我们"要像保护清晨的露珠那样保护儿童的自尊心"，可是我们打着"不让孩子输在起跑线"的旗号，因为自己的虚荣和无知，无意中鲁莽地践踏了儿童的自尊。

至今想起女儿趴在沙发上哭的那一幕，心里还是隐隐作痛，还是无比难过，觉得对女儿犯下了永远无法弥补的错。回过头看，孩子成长的每个时刻都是过去时，错了就是错了，再没有重来的机会，为人父母，我们是饮之以琼浆，还是哺他们以糟粕，怎能不慎之又慎！

二

女儿读幼儿园后，每到周末，总有一小段时间我们父女俩是在书店里度过的。那时，我在书店找自己的书，女儿就自己翻看图画书。女儿稍大点后，逢年过节我给女儿的礼物基本都是书，从图画书到文字书慢慢升级。女儿拿到书就快乐得不行，可以静静地一个人看很久。女儿进入初中后，我想送礼物应该尊重她的选择，每次出差前就会问她："爸爸回来带个什么礼物给你呢？"女儿歪着小脑袋想半天，最后的回答都是："爸爸，还是书吧。"我心里暗暗自责不已："这孩子会不会因为从小接受的礼物都是书，以后除了书就没有什么喜好了？"幸好，女儿成年后和别的女孩一样爱美，喜欢阅读，喜欢旅游，也喜欢美食，喜欢听音乐，喜欢电影，虽不大爱逛街，偶尔陪母亲逛逛街也不排斥，还是富有生活情趣的。当然，最让我这个当爹的开心的是，现在已经轮到女儿给父亲送书了，女儿每看到好书就会说："爸爸，最近有本书写得不错，我给你买一本吧！"知我者，女儿也！女儿送的书我都喜欢。

女儿从来到这个世间，接触最多的大概就是书。父母给她读故事书，家里的书柜，书店，父亲在家里埋头看书，父亲的礼物，女儿引以为豪的藏书等，这些有关书的记忆贯穿了女儿成长的全过程，爱读书自然而然地成为女儿的生活方式。蒙台梭利认为，儿童的心灵具有吸收能力，环境对孩子的成长具有难以估量的影响，环境中的人和事物潜移默化地塑造着孩子的行为方式、思维模式、价值观，孩子从呱呱坠地到成长为少男少女，生长环境在某种程度上影响着孩子未来精神世界成长的高度和宽广度，给孩子创造一个怎样的环境，是父母不能不思考再思考的大问题。

作为父亲，我给女儿最好的礼物是什么？大概就是给了她一个与书为伴的生活环境吧。

三

女儿上幼儿园不久，就遇到了一件影响了她很久的事情，事件的起因是女儿拿错了喝水的杯子。班主任王老师大为光火，把女儿拿错的杯子从她手中抢过去，冲着女儿吼："连数字都不会认，你以后数学肯定学不好！"女儿回家后非常沮丧，和平时表现大不一样。问她话，她愣愣地也不回话。还是和女儿同班的外甥告诉了我们事情的经过。外甥一说，女儿就哭了。安慰女儿一番后，我们也没太放心上。没想到"你以后数学肯定学不好"这句话女儿竟牢牢记住了，成为她挥之不去的阴影。此后，在数学学习上一遇到困难，她就会说"老师都说我数学肯定学不好的"。其实，从上小学到高中毕业，女儿数学成绩一直都不错，但她就是觉得自己数学学不好。我和她打趣道："你老爸是学数学的，根据遗传学理论，你数学没理由学不好的。"试图以此让她树立信心，可她就是没有挑战数学难题的自信。我相信没有潜意识中的数学恐惧，女儿完全可以学得更好。老师可能想不到，也许仅仅是不经意的一句话，竟给孩子带去那么久远的影响。

著名作家余秋雨回忆幼儿时期的一段学习经历："我上小学时只有四岁，自然成了老师们的重点保护对象。上课时都用毛笔记录，我太小了，弄得两手都是墨，又沾到了脸上。因此，每次下课，老师就会快速抱起我，冲到校门口的小河边，把我的脸和手都洗干净，然后，再快速抱着我回到座位，让下一节课的老师看着舒服一点。但是，下一节课的老师又会重复做这样的事。于是，那些奔跑的脚步，那些抱持的手臂，那些清亮的河水，加在一起，成了我最隆重的书法入门课。如果我写不好毛笔字，天理不容。"字里行间透着浓浓的师生情谊，让人倍觉温暖。

有人说，教师是上帝派到儿童身边的天使。余秋雨先生记忆中那些奔跑在教室和小河间的老师当得起此称谓。可是，亲爱的老师，假如你在面对儿童时，忘记了你应该是天使，忘记了爱，忘记了守护，那么，即使你背负着一对天使的翅膀，也可能带给孩子一生难以挥去的梦魇。

中小学教师需要怎样的科研？

中小学教师需要做科研吗？有人说，中小学教师的中心工作就是教学，盯住课堂，把每节课教好，才是最应该做好的工作，至于科研，无非是点缀而已，可有可无。也有人觉得，教育科研应该是大学教师的事，是专门研究教育学的学者的事，中小学教师既无时间精力，也无能力做科研，提倡中小学教师做科研完全没有必要。

中小学教师需要做教育科研吗？在我看来，回答是肯定的。苏霍姆林斯基说："如果你想让教师的劳动能够给教师带来乐趣，使天天上课不至于变成一种单调乏味的义务，那你就应该引导每一位教师走上从事研究这条幸福的道路上来。"中小学教师是否需要做科研，不应该成为讨论的话题，我们需要讨论的是：中小学教师应该做怎样的教育科研？或者说，什么样的教育科研才对中小学教师具有普适性，既真正有助于中小学教师的专业成长，有助于教育教学质量的提高，又不会成为中小学教师额外的负担？这是我们需要想明白的大问题。

回顾教育史，有个有趣的现象，那就是那些大教育家似乎都没有走过我们当下所倡导的合乎科学规范的课题研究之路。我们无从看到他们是否写过那些严谨、规范的研究计划和课题报告。但从苏霍姆林斯基、陶行知等大家的著述中，我们看到的都是基于日常工作的观察、分析、综合，是一种田野性的思考。他们的研究成果都是那样的朴素、亲切，都是那样具有鲜活感人的温度，能够直抵心灵。我相信，他们所倡导的"教育科研"一定不是我们当前越来越走向华而不当、哗众取宠、脱离实际的教育科研。

我并不反对教师做规范的课题研究，但过分追求规范的形式和理性的技术，我们可能会离初衷越来越远。片面强调严谨、规范的科学研究，过于追求技术理性，显然脱离了绝大多数教师的实际研究能力，脱离教育教学的实际需要，脱离教师劳动的本质，其结果就是形式主义盛行，贪大求全，标新立异，务虚空谈，甚至剪贴抄袭大行其是。我们不妨追踪一下，那些所谓的结题报告，甚至已经出版的课题成果专著，有多少被应用于教学实践，有多少产生了效益。我相信，很多都束之于高阁矣。

严谨、规范的教育科学研究，还是应该以专业研究人员为主要研究力量，中小学教师可以积极参与，在专家的带领下，做实事求是的研究辅助工作，做力所能及的研究。当然，对极个别确有研究专长的教师可另当别论，他们或许可以走上专业研究者的道路。对于绝大多数中小学教师而言，教育教学工作始终都应该是自己的主业，是必须耕好的田地，需要耗尽毕生的精力去做好，实无可能也无必要做宏大的课题研究。为科研而科研，荒了自己的地，那是对教育教学工作的不负责任。立足自己的教育教学实践，观察自己的学生，反思自己的教学工作，这就是中小学教师最可行的教育研究。

中小学教师的科研工作目的在于唤醒教师的自主研究意识，专注于观察和思考自己的教育教学工作，增强对教育教学的洞察力和思考力，从而能够自觉改进教学观念和教学行为，同时获得自身的可持续发展，让教师成为真正的终身学习者，成为有能力创造更美好的教育并过上幸福教育生活的教育者。教师的教育科研强调的是教师要具有研究的意识，在思考和研究的状态下工作，能够自觉反思从备课到教学的全过程，善于捕捉实践中遇到的问题，并能够运用科学的方法理性思考和分析问题，从而更好地把握教育规律，领悟教育真谛，改进教育教学。我以为，这应该就是我们所倡导的人人能做、人人应做的教育科研。在这样的基础下，引导教师"我笔写我心"，记录自己真实的教育反思，写自己真实的叙事案例；引导教师同伴互助，进行相互的合作与分享，则学校科研之风自成！中小学教师教育科研最大的成果应该反映在促进学生和教师自身的成长上，也就是教师教育教学能力及其教育教学质量的提升上，而非所谓的论文、专著。

再议教育科研

很多学校在介绍学校工作时，大抵都会提到"科研兴校"。教育科研的重要性，至少从表面上看，学校都是很重视的。相信每所学校的工作计划和总结中都少不了教育科研这个版块，但这些改变不了教育科研在绝大多数学校中"说起来重要，做起来次要，忙起来不要"的尴尬地位。很多学校，教育科研只是一个不能缺位的摆设，是个好看的花瓶。这个花瓶虽然实用价值不高，但摆在"大厅"之中却也能增色不少，让"大厅"有了那么一点"现代"的味道，故而来了客人，花瓶还是不能少的。教育科研沦为摆设，究其原因，大概有以下几个方面。

第一，学校领导对教育科研的价值缺乏认识，对学校应该做怎样的教育科研没有深入的思考，学校没有切合实际的教育科研规划和相应的制度保障，甚至排斥教育科研。学校仅有的一些课题，也只是因为上级要求不得不为之，或别人家都有，不得不做，跟风、随大流，教育科研处于放任自流、自生自灭的状态。在这样的学校，教育科研从未被正眼相待过，甚至连表面的重视也没有。

第二，视教育科研为形象工程，一味追求课题的级别，不从学校实际出发，盲目申报国家、省市规划课题，申报成功后就束之高阁，根本就没有真正的研究行动，到结题时，东拼西凑形成结题报告，找一些沾得上边的论文汇编成册，正儿八经请几位专家鉴定，一些规定动作完成，基本就可以拿到结题证书了。这样的教育科研，题目大，过程假，结果空，严重败坏了教育科研的名声，也让有良知的教师对教育科研持怀疑和排斥态度。

第三，搞运动式的教育科研，不加区别地要求"人人有课题，个个做研究"，脱离了教师的实际能力和需要，为课题而课题，导致申报课题时热热闹闹，过程中冷冷清清，结题时草草收场。教师非但没有从教育科研中体验到乐趣，体验到对自身成长和改进教学的价值，反而做了很多无效的劳动，加重了工作负担，课题也就越来越鸡肋。

第四，过于追求教育科研的规范，让教师做并不擅长的理论研究，脱离了教师的实际研究能力和教育教学的现实需要，"研究"与"教学"成为两张皮，研究的所谓成果没有运用价值。教育科研被神秘化，让绝大多数老师望而生畏，教育科研成为学校少数老师的专利或追逐名利的工具。

第五，重视教育科研，但有想法没办法，重视停留在表面。有的学校的确重视教育科研，对教育科研能够给予经费支持和鼓励，学校也有相关的制度和管理机构，但教育科研的推进困难重重。显然，教育科研仅靠倡导和给予经费支持是不够的，缺少对教师科研意识的培育和科研能力的有效培训，缺乏专家的理论引领和技术支持，缺少对研究过程的有效管理和适时指导，教育科研肯定不能深入和持久。

要改变教育科研的这种现状，可参考如下对策。

对策一：对教育科研的价值和内涵进行哲学思考，认识中小学教育科研应该走的范式及其意义。重点是要明确教育科研对改进学校的意义，明确学校要做怎样的教育科研和怎样做教育科研。

做怎样的教育科研？我的观点是，中小学校教育科研的主要内容应该是树立教师"在研究的状态下工作"的意识和习惯，倡导"问题即课题，思考即研究，记录即成果"，在常态的工作中反思教学、发现问题、解决问题、记录案例就是中小学校应该倡导的主要教育科研形式。

怎样做教育科研？中小学教师教育科研的主要研究方式是行动研究，即立足于教育教学实践中的行动研究和叙事研究，提倡教师"对行动反思"和"在行动中反思"，并能够通过记录和积累，用叙事研究的方式再现现场。同时，还要引导教师设计基于任务的学习，开展同伴间的交流合作，以提高研究的水平和营造良好的团队研究氛围。

对策二：制定学校教育科研规划，为学校理性开展教育科研绘就蓝图；完善教育科研管理制度，建立教育科研奖励机制，坚持教育科研服务于教学，服务于师生的发展，确保学校教育科研有章可循，有强有力的制度保障；加强教育科研的过程管理，保证教育科研不走过场，不搞形式。

对策三：分层要求，确保实效。对学校不同层面的教师要给予不同的科研任务要求，如有学者提出的"青年教师能够上好课，就是做研究；中年教师能够说清为什么那样上就是做研究；老教师能够总结教学经验就是做研究"。教师做教育科研，必须针对他们的不同特点提出实事求是的要求，新教师、成熟教师、骨干教师、学科带头人，不同层次教师给予相应的要求，要让他们"跳一跳，摘得到"，才有实效，才有持续的动力。

对策四：加强培训，切实提高教师教育科研的能力，揭开教育科研的神秘面纱，人人都能亲近教育科研，并从教育科研中获得成功，体验到快乐；引导教育科研过程中的同伴互助，让教师能够得到适时的帮助，克服研究过程中的无助感和孤独感；加强教育科研中的专家指导力度，特别是一些已经形成自己独特教学风格的教师需要提炼成果时，要提供必要的帮助。

对策五：主动借力，提升学校"大课题"的研究水平。学校在倡导人人做适合自己的教育科研的同时，往往也为了突破学校发展瓶颈、形成学校办学特色，需要有带动全局的"大课题"。这样的"大课题"只依靠学校自身的力量是不够的，要主动借助高校或教科研机构的专业力量，通过专家的引领，提升研究的水平，并使研究成果能够落地。

教育科研总给人"想说爱你不容易"的感觉。要让教育科研之花真正在中小学盛开，还需要我们运用智慧，在实践中解决更多的困惑和难题。这个过程本身也是一个研究的过程。

在呼唤学校内涵高品质发展的今天，不重视教育科研的学校不可能是一所真正的好学校，教育科研是激活教师创新精神，促进学校快速、持续发展的动力源，学校应当坚信将教师引上正确的教育科研之路是学校高品质发展的必经之途，大兴科研之风，形成学校科研的文化自觉。

做好教育工作的起点

如果有人问："做好教育工作的起点是什么？"我会毫不犹豫地回答："是对'教育'内涵的深刻理解和把握，是形成正确的教育观念。"有人说："我们经常讲教育，教师们天天搞教育，但到底什么是教育？我们根据什么将教育与摧残、奴役、愚弄、欺骗、蒙蔽、操纵、控制、禁锢、贬抑、束缚、蛊惑、教唆、误导等区别开来？显然，这个问题不搞清楚，就很容易导致教育的异化。"的确，如果对教育的本质理解发生了问题，教育目的和过程被异化也就在所难免。也许我们都曾认真思考过"什么是教育"，都有自己对"教育"的理解和诠释。然而，现实的困境中，我们是否不得不经常妥协，曾经清晰的观念是否逐渐模糊？曾经坚持的信念是否逐渐失守？曾经的美好理想是否逐渐偏移轨道？更可怕的是，庸常的工作让我们逐渐失去了学习和思考的能力，我们被裹挟着行走。

什么是教育？古往今来的大教育家都有自己的回答，韩愈的教育是"传道，授业，解惑"。康德说"人即目的"，教育就是为了人，除此无它。弗莱雷则说"教育即政治，教育即解放"。斯宾塞认为"教育是为了受教育者未来的美好生活做准备"。杜威定义"教育即生活"。然而，对我们来说，这样的回答都显得太抽象，要落地，还需要学习吸收其精髓，并转化成自己的思想或价值观。

什么是教育？有一条把握的捷径，即联合国教科文组织上个世纪以来的三份教育报告，1972年的《学会生存——教育世界的今天和明天》，1996年的

《教育——财富蕴藏其中》，2016年的《反思教育——向"全球共同利益"的理念转变？》。这是三份基于人类现实的生存困境及未来发展，对教育应秉持的价值观及其意义进行充分阐释的报告，可谓集前贤智慧和现实思考的大成之作。

《反思教育——向"全球共同利益"的理念转变？》中引用了大提琴家帕布罗·卡萨尔斯的一句话："我们应将全人类视为一棵树，而我们自己就是一片树叶。离开这棵树，离开他人，我们无法生存。"这句话可谓意味深长。在这样一个技术高度发达的时代，空间的距离感极度缩小，地球像一个名副其实的村庄，人们越来越紧密地生活在一起。在这样一个有限的，甚至略显拥挤的空间里，如何避免因种族、文化不同造成的冲突，如何确保人类社会的永续繁荣和发展，不能不说是人类历史上面临的前所未有的挑战。因此，报告中提出："应将以下人文主义价值观作为教育的基础和宗旨：尊重生命和人格尊严，权利平等和社会正义，文化和社会多样性，以及为建设我们共同的未来而实现团结和共担责任的意识。"我相信，这样的一种观念应该成为全人类共同遵守的教育价值观。坚守这样的教育价值观，我们可以确信：

教育应该是一种平等的交流和对话，是基于人的自我发现、自我觉醒、自我生长的社会活动，是对个体的唤醒、帮助和促进，而非灌输和操纵。

教育应该致力于使人获得解放，把人从非理性的生活状态中解放出来，不断地促进人理性能力的发展和美好情感的发育，使人"有能力掌握自己的发展"。

教育应该致力于培养完整的人，陶冶人格，提升人性的境界，培养具有健全人格、身心健康、善良人性、独立思想的未来公民，这样的人既是合格的国家建设者，也是能够共担人类命运的人。

真正的教育是善的，是美好的。而一切非善的，违反人性的所谓"教育"事实上都不能称之为教育。强调教育的"善"和对人性的尊重、对生命的关照，就是让教育回归原有的轨迹。

南京师范大学附属中学的吴非老师的一篇文章的标题是"我们的工作可能使明天更美好",教育本应使明天更美好的,但为什么只是"可能"呢?我理解的是,因为教育有被异化的危险,从而使教育的结果充满了不确定性。什么时候,我们能够负责任地、理直气壮地说:我们的工作一定会使明天更美好!我们的工作一定会使每个人的明天更美好!那就是真正的教育完全立起来的时候。

做湖泊，不做杯子

教育是人学，教师是关乎人的生命成长质量的职业，教师的工作与人类的福祉和进步息息相关，因此教师本身也应该是一个成长性的职业，教师应该始终行走在成长的路上，自觉追求生命的发展与完善。从进入教师这个行业开始，"止于至善"就应当成为教师矢志不渝的信念。

为促进教师专业的持续发展，教育行政部门设计了层层选拔"骨干教师（学科带头人）"的激励机制，各级别的骨干教师、学科带头人是教师专业成长高度的重要标志。要想在体制中获得认可，我们很难也无须回避这样的专业荣誉称号，不妨把它作为职业成长过程中的阶梯，在踏踏实实做好教育工作的同时，摘取这样的桂冠。但是，在争取这些荣誉的同时，我们更当清醒地认识到，骨干教师也好，学科带头人也罢，只是一个外在的专业荣誉称号。这样的荣誉称号，应当只是教师职业生涯中的副产品，是在教育之路上下求索而"衣带渐宽终不悔"的水到渠成；是坚守教育理想"蓦然回首，那人却在，灯火阑珊处"的自然结果；是静水深流，不经意间已然直抵大江湖海。一位真正潜心教育的优秀教师，一定是一个淡泊名利，更多专注于自身专业能力的提升，专注于内心的成长，专注于教育本身之神奇美丽的人。

国学大师钱穆先生晚年回顾自己的从教生涯，动情地写道："虽居乡僻，未尝敢一日废学。虽经乱离困厄，未尝敢一日颓其志。虽或名利当前，未尝敢动其心。虽或毁誉横生，未尝敢馁其气。虽学不足以自成立，未尝或忘先儒之榘，时切其向慕。虽垂老无以自靖献，未尝不于国家、民族、世道、人心，自任其匹夫之有其责。虽数十年光阴虚掷,已如白驹之过隙,而幼年童真,犹往来于我心,知天良之未泯。"钱先生,其学之恒,其志之坚,其心之纯,其情之切,皆让人悠然神往,心生仰慕。教师是一个需要用灵魂塑造的职业,钱穆先生的这段话语对此作了很好的诠释,可以成为教师成长的座右铭,以前辈大师为榜样,涤荡心灵,日修其业,日进其德,勇猛精进,永不止步。

子贡倦于学,告仲尼曰:"愿有所息。"仲尼曰:"生无所息。""生无所息"是孔子的治学修业之道,也应是现代教师的治学修业之道。但教师成长的道路不可能一帆风顺,会有挫折、有困惑、有迷茫、有倦怠,教育现实的复杂性和教师职业的巨大挑战,让很多教师逐渐感到无力而疲惫,并由此而"倦于教""倦于学"。倦怠不会因为教师工作的崇高而远离教师职业。从入职开始,教师就应该警惕这种职业慢性病对我们的侵蚀。怎样应对职业倦怠的挑战?下面这个故事可能会让我们有所感悟:

一位高僧身边有一个爱纠结、抱怨的弟子。有一天,高僧让弟子去买盐。买来之后,高僧让弟子把盐倒进一杯水里喝,问:"味道如何?"弟子说:"很苦涩。"高僧让弟子把盐倒进湖里,问:"什么味道?"弟子说:"很新鲜。"高僧问:"还有咸味吗?"弟子回答:"没有了。"高僧便说:"生命中的痛苦就像盐,不多也不少,你所感到的痛苦取决于你放在多大的容器中。所以,痛苦时,你要开阔你的胸襟,不要做一个杯子,而要做湖泊。"

法国文学家罗曼·罗兰说:"我看透了这个世界,但我仍然热爱它。"这就是教师应有的胸襟气度。对于一位优秀的教师来说,胸襟气度有时可能比学识更重要,胸襟开阔才能让我们看得高远,才能让我们始终乐于吸纳,才能在这个功利浮躁、概念纷飞的时代中不迷失自我,才能让我们不纠结于名利得失,才能不因现实的复杂和困顿而丧失信念,才能让我们在岁月的流转中,从容化解职业带来的困扰和压力,体悟生活、工作的幸福美好,书写诗一般的教育人生。

屈居第二又何妨

听某位老师的讲座"《西游记》给予我们的教育智慧",临近结束时,该老师讲述了自己的一段教育故事作为收尾。简录如下:

临毕业之际,教师给学生上最后一节课,师生之间特别坦诚,课堂气氛特别好,在回答了学生平时不敢问的许多问题后,教师问了学生一个问题。

师问:"世界上最高的山峰是什么山?"学生笑答:"珠穆朗玛峰。"师又问:"世界上第二高的山峰是什么山?"学生面面相觑,竟无人知晓。教师于是在黑板上重重写下了:屈居第二与默默无闻毫无区别。

看后,学生掌声雷动。

老师很满意这种效果,相信这句话已经烙印在学生心灵深处。

这也是这位作讲座的老师送给我们这些听课教师的话。

我想作为一种励志的口号,或者作为一种自我鞭策,这句话应该没问题。然而,如果作为一种价值追求,那就颇为不妥,真把此话当座右铭,也许这会成为学生终身的心灵枷锁。

每个人都是独一无二的生命个体,从这个意义上来说,每个人都是第一。教育的责任是什么?是帮助每个生命寻找到独属于他的优长,最大限度地让他认识自己的潜能,引导他成为最好的自己,达到他人生所能达到的最大高度。"达到自己人生的可能高度"才是教育应该倡导的普遍的价值观,只要达到这个高度的人都可以自豪地说:"我是第一!"

"第一"通常是以某个标准来衡量的,比如珠穆朗玛峰位居第一的是其高度，以其高度来说，其他山硬要与之抗衡岂非不智之举？能够屈居第二，不是也很值得骄傲吗？何况，对于山何为第一，取其高，取其险，取其秀，取其美，答案自然是不同的。而根据各人的观感、阅历的不同，如果问天下最美的山是什么山，答案肯定也是各不相同。设想一下，如果要一百个人来决定"黄山和庐山何者更美"，恐怕会很快分出激烈争辩的两派和无法区分两山高下的中间派来。智者一定会认为这个问题很无聊，两山各有千秋，此之所长也许正是彼之所短，实无法言何者更美，亦无须区分高下。

尺有所短，寸有所长，每个人都有自己的长处和短处，教育的智慧就是扬长避短。现代管理学之父彼得·德鲁克小学四年级时的手工教师叫苏菲。苏菲老师是一位非常有耐心的老师。然而教了一年以后，德鲁克还是连最简单的手工作品都没法完成，一次次失败，但苏菲老师却从不失望，因为她知道了在这项技能上这个孩子的极限在哪里。多年后，德鲁克回忆说："我从苏菲小姐那儿学到的，要比我没学会的那些更重要，……苏菲小姐是没能让我工于工艺，正如最伟大的音乐家无法使不辨五音者成为乐师。但因为她的教导，使我一生都懂得欣赏工艺，看到干净利落的作品不禁为之欣喜，并尊重这样的技艺。"苏菲老师的教学观值得我们学习，承认人的差异，因材施教，是最合适的教育。

鼓励"第一"、制造"第一"是中国教育最大的弊病之一，班级第一必备受老师瞩目，年段第一必众星拱月。高考状元受到热烈追捧，正是学校尊崇"第一"之延伸，也是我们这个社会空前浮躁、功利的表现之一。更为可怕的是，这种"第一"，衡量的标准基本上就是简单的分数，而忽视了品德、个性、特长、心理、能力等对于人来说更为本质和重要的东西。追求"第一"给很多孩子带来沉重的压力，追求"第一"让多数孩子从来就没有体验到成功，追求"第一"扼杀了我们民族的想象力和创造力……全民追求这种"第一"，在我看来，正是我们这个族群精神残缺的表现，其流毒至深至广。

人生有太多美好的东西值得我们去追求，何必一定要与人一较长短？让每个人找到最可能的自我，做更好的自己，做更有价值的自己，享受生命带给我们的精彩、感动，让生命立体而丰满，多好！屈居第二又何妨！

人贵有自知之明

有一位禅师在一座孤山上独自修行，期间生活主要靠山脚下一家农户供养。修行多年后，禅师自觉修为无法精进，打算离山走访古刹名师。一日，禅师下山向农户说了自己的计划，让农户此后不必再送东西上山。农户见禅师去意已决，就挽留禅师再等几天，他让妻子给禅师缝制一件新的衲衣。禅师答应农户后，就辞别农户回山。

过了几天，农户依约给禅师送来了一件新衲衣和四块马蹄银。禅师接受后，农户依依道别而去。是夜，禅师和往常一样打坐修禅，夜半时分突然天降祥云，乐声袅袅中见一青衣童子牵着一个莲座款款来到禅师面前，躬身道："小童乃接引童子，奉上师命请禅师上莲座前往西方极乐世界。"禅师大喜，欣然起身往莲座而去，待要坐上莲座时，转念想到："世间多少人一辈子修禅，禅功远比自己深厚，却都无缘赴西方极乐世界，自己何德何能，怎有这样的资格和福缘？"于是，禅师仍旧退回打坐，向童子坚辞不去。童子苦苦哀求，言道禅师若不随去，其无法向上师复命。禅师不厌其烦，随手拿起身边一个引磬放到莲座上，向童子说："你就将此引磬作为佐证，带回复命吧。"童子见禅师心意已决，无奈只好带上引磬辞别禅师而返。

第二天，禅师正收拾行装准备出行，忽见山下农户急匆匆进来，手里拿着一个引磬，说："师傅，我家母马半夜生产，产出一个大肉瘤，剖开里面居然是一个引磬，好像就是师傅您日常用的引磬，甚是奇怪，不知凶吉，想请您老指点一二。"禅师闻听此言，不觉惊出一身冷汗，原来昨夜自己差些就沦入畜生道。若非自己感觉修为尚浅，没有资格坐上莲座，此时已是山下农户家的小马驹了。一念及此，禅师幡然醒悟，挥笔写道："一件衲衣一张皮，四钿银子四个蹄，若非禅师禅心定，已是汝家小马驹。"写罢，将衲衣和银子还给农户，便飘然离山而去。

  佛家此故事意在教育出家人不可再有任何贪痴之念，哪怕是成佛之念也有碍修行，应该真正做到万妙皆空，否则仍不免沦入因果业报的循环中。但从世俗的角度看，故事中隐含着"人贵有自知之明"的思想更具现实意义。故事中，老禅师正是因为突然意识到自己修行尚浅并无上莲座的资格，从而拒绝了童子的邀请，才挽救了自己。假若禅师在巨大的诱惑面前，没有反躬自省，没有清醒地看到自身的不足，结果可想而知。

  "认识自我"的确不是一件容易的事情，人是处境的动物，自我认识很容易受到自身处境和人际的影响。失意时，可能妄自菲薄，自怨自艾，自暴自弃，看不到自己一丝的长处，对自己没有一点信心，甚至自甘堕落，自我沉沦。得意时，可能意气风发，视天下余子皆碌碌，自信满满，自觉高人一等，俯视苍生，无所不能。

  "认识自我"可以作为教师终身学习的必修课。看到自我的局限，教师可以摆脱教育伦理上的痛苦，明白自己并非无所不能，可以用平常心对待教育工作的成败得失；看到自我的局限，教师也才能找到自我的发展方向，教学相长，不断进步。我是谁？我在哪里？我要到什么地方？这是永恒的哲学问题，穷毕生之力也未必能够解答。但若仅仅是以世俗的规范为标准来认识自我的优缺点应该还是可以做到的。曾子强调"吾日三省吾身"，只有坚持不断的自我审视，自我解剖，才可能不断逼近自我，认识自我，才可能不为外物所动，不为一时得失所迷，宠辱不惊，坚守本心，做真实的自我，同时也不断完善自我。

真正的幸福离不开优秀

有人说"教师,幸福比优秀更重要"。如果所谓的"优秀"是指"功成名就"的话,我认同这个判断。

在我看来,教师是最需要淡泊名利的职业,可在当下,淡泊已经离我们越来越遥远,名目繁多的各级名师工程,你方唱罢我方登场,很难让每个人都能保持一份冲淡自守。而越来越趋于精确、绝对的量化评估标准,更是将功利演绎到了极致。当教师潜藏的功利之心被唤醒时,教育的目的毫无悬念地被异化成了手段,成了某些教师博得"优秀"的敲门砖。奔跑在这样一条追逐"优秀"的路上,我相信没有人是真正幸福的,真正的教育也将离我们越来越遥远。幸福的确比优秀更重要!

然则,"功成名就"真的就是优秀吗?在我看来,教师的优秀与外在的荣誉尤其所谓的名师头衔无关。优秀的教师,应该是始终关注学生,关注教育本身的教师,而所谓的功成名就,一定是实至名归,是无心插柳柳成荫,是桃李不言,下自成蹊。还优秀以本来面目,我相信,教师的真正幸福离不开优秀。

一个正常心智的人不可能有像猪一样"傻傻的幸福",人的幸福离不开对生活工作的掌控感和满足感,我不相信,不经过努力,谁可以让自己幸福?幸福的教师一定是一位有专业精神的教师,一位有能力让教育工作得心应手的教师,一位具有丰富情感,能够和学生水乳交融的教师,一位让学生信服、喜爱的教师,一位能够而且乐于和他人分享快乐的教师。而这样的教师,难道不正是优秀的教师吗?换言之,正因为有了教师的优秀,才可能有其幸福的教育生活。

大学毕业时参加学校举办的"青春烛"演讲比赛，我的演讲题目是"教师是太阳"，迄今，我仍然认为教师应该是"太阳"。在我看来，教师不应该只有蜡烛那样微弱的光芒，不应该像蜡烛那样悲壮……教师的光芒应该足以平等地照到每个孩子身上；应该足以让每个孩子内心都充满阳光；应该足以让每个孩子看到世界的光明、人生的美好和希望；更应该穿越时空，在若干年后，仍能够滋养孩子心灵真、善、美的种子。教师应该是"太阳"，在阳光普照的同时，也在驱逐太阳黑子，也在进行内部的调整和重组，照亮别人的同时也使自己更加纯粹和完满。生命可以流逝，但生命的每一天都无限地饱满，无限地富足，无限地精彩。简言之，教师的工作不应该只是单向地输出。付出了爱，我们却收获了更多的爱；启迪孩子的智慧，同时也在孩子身上汲取到更多的智慧；给孩子道德的启蒙，孩子纯净的目光也在洗涤我们已经蒙尘的心灵；传授孩子知识，却也让我们看到自己的不足，于是我们给自己充电，不断提升自己……正所谓"教学相长"，教师职业的美好正在于它是成长的职业，是成就无数人，却也在成就自己的职业。

让自己在教育工作中不断成长，变得越来越优秀，才能够不断体验到职业的幸福，才能够在教育之路上走得更远、更好。从这个意义上说，拥有了优秀，教师也才能有职业幸福。

从抢购盐谈理性教育的价值

2011年日本大地震导致处于震区的福岛核电站核泄漏。城门失火,殃及池鱼,大洋彼岸的核泄漏,竟然在中国大陆引发了一场加碘盐的抢购风潮。一时之间,加碘盐价格直线飙升,一些不法商贩乘机囤货居奇,碘盐几有断销之势。

有人说,"抢购碘盐"事件反映了国民喜欢跟风、随大流的劣根性。跟风也好,随大流也罢,其实都是现象本身。为什么大众会不加思考地跟风、随大流?究其原因还是理性思维能力的缺失。"抢购碘盐"最初源于一条短信"碘能够治疗某些核辐射,食用加碘盐有预防核辐射的作用"。这条短信快速传播,被越来越多的人采信,以至于越来越多的人加入了抢购盐的队伍中。

事实上,只要愿意运用我们的大脑,稍作分析思考,这条消息的可信度就会大打折扣。由于公众普遍不具备核辐射知识,对这种灾难性事故难免会有恐慌,不妨假定福岛核辐射的确会给中国大陆带来一定影响,而这条消息的内容普通人难以证伪。假设碘的确具有治疗某些核辐射的功用,一个有质疑习惯的人自然还会思考:即便碘能够治疗或预防核辐射,得需要服用多少剂量才有效果?这个剂量相当于要食用多少碘盐?在你平常的口味基础上,菜肴多加了盐,能食用吗?食用过量的盐会有什么坏处?盐的抢购行为能够持续多久?会对市场带来怎样的影响?只要作简单的思考,就不难知道,"抢购碘盐"是多么可笑愚蠢!这就是最基本的理性思考能力。

理性是西方近代启蒙运动的核心思想。康德认为,教育的主要目的在于教会人们思考，强调发展人的理性思维和创造力。他认为，这是人类进步的重要保证。理性的核心是理性思维，理性思维是一种建立在证据和逻辑推理基础上的思维方式。具体来说，就是能够依据一定的事实或理论，对问题进行观察、比较、分析、综合、抽象与概括，从而形成自己的判断或认识，而不是人云亦云。理性的基础是怀疑与批判，没有经过充分的分析论证，不轻易相信现成的结论或他人的判断。

人类思维本能上具有惰性，愿意选择相信权威、相信大众、相信直觉。认知科学中有一个经典的案例。该案例摘自《超越智商》（基思·斯坦诺维奇著，张斌译），具体如下：

杰克正看着安妮，而安妮正看着乔治。杰克已婚，乔治未婚。请问是否有一位已婚人士正看着一位未婚人士？

A. 是　　B. 不是　　C. 无法确定

你会选择哪个答案？正确答案是 A，因为假定安妮未婚，那么已婚的杰克正看着未婚的安妮，假定安妮已婚，那么已婚的安妮看着未婚的乔治，二者的答案都是 A。这是一个逻辑分析的结果。但是，很遗憾，根据研究，80% 左右的人会选择 C。这个答案是思维惰性造成的，因为安妮的婚姻状况未知是一个显性的条件，于是人们不假思索就自动选择了 C。

可见，理性不是天然赋予我们的，而是需要一定的学习和有意识的训练才能逐步形成的。

理性让人免于愚昧，免于思想被奴役。理性无论对于人自身的自由和发展，还是对于人类社会的和平与进步，意义都十分重大。基础教育是面向大众的教育，是思维方式最重要的形成阶段，教师有责任在受教育者的心田种下理性精神的种子，从而培养其理性思维的能力。

净化教育培训市场，宜疏不宜堵

近来，如何减轻中小学生课业负担、整顿净化教育培训市场成为人们热议的话题。整顿净化培训机构的初衷是为了减轻学生的课业负担，据说是因为越来越多的培训机构抢夺了孩子们本应自由、轻松、快乐的课余时间。

"抢跑"所以"领跑"

很多人认为培训机构的红火主要是由家长的焦虑和高期待引发的，其实不尽然。一位朋友向来反对送儿子到培训机构补课，儿子成绩也一直名列前茅，可是儿子上高一后没多久，就对朋友说："爸，给我找家培训机构吧，我双休日要去上辅导课。"朋友很惊讶，原来儿子上学后发现同班的很多同学似乎都是学霸，自己学习能力和他们比差距不小，自信心倍受打击。经过了解，他才知道这些同学暑假早就在培训机构里学过这些课程了。马拉松比赛刚刚开赛，自己已然成了一位苦苦的追逐者。儿子顿时就有了危机感，于是就有了主动要求到培训机构上课这一幕。一位同事也告诉我，她的女儿就读中班，元旦班级演出完回家就吵着要学舞蹈。既然孩子自己有这个兴趣和需求，她也就顺水推舟地把孩子送到兴趣班了。

每个人都有"领跑"的愿望。这俩孩子一个是高中学生，一个才上幼儿园，却都是自己要求到培训机构补课或学习艺术技能的，原因大概都是被周围的"领跑者"刺激的，而所谓"领跑"又多多少少与这些同学的课外培训"抢跑"经历有关，由此自发地产生了参加课外培训的需求。

有"需求"必然有"市场"

校外培训机构层出不穷，培训项目名目繁多，为何这些机构会越来越红火？有需求自然就有市场而已。家长对孩子的高期待，激烈的升学竞争，儿童本身的兴趣爱好，公共教育资源的同一性无法满足个体的学习需要等等，都可以带来需求。这些需求或多或少都指向这样一个事实：在如此激烈的社会竞争中，你不尽可能让自己变"优秀"，怎么可能站在最后的舞台上呢？只要这样的一个事实是客观存在的，那么所谓的"减负"，某种程度上就是一个基于善意却近乎残忍的谎言。一个不争的事实是，最近这些年，发达地区和欠发达地区，中心城市和县城，城市中心城区和城乡结合部地区，教育质量的不均衡越扯越大，这实在有些"受益"于所谓的"减负"。发达地区、中心城市、城市中心区教育培训机构相对发达得多，学校虽然减负了，很多学生却没有减负，课余时间都扎到培训机构"增负"去了。从这个意义上说，培训机构事实上成全了一部分人的梦想。相应的，当然也有很多孩子，因为当地培训市场的不成熟或者父母无意识也无力让其上培训机构，而失去了平等竞争的机会。也就是说，所谓的"减负"，事实上加剧了地区之间的教育不均衡。

批评一刀切简单化的"减负"，并不意味着这种"减负"给了培训机构可乘之机，带来了培训市场的繁荣。事实上，即便学校教育能够更有弹性，能够给学生更多的选择和个性化的帮助，学校教育服务的公共性，教育目标的多样性，教育资源的有限性等都决定了它不可能满足每个人的学习需求。如果说因材施教是最有效的教学原则，培训机构提供服务的买卖性质和服务目标的单一性，决定其恰恰最有可能实践这一教学原则，为每个人定制相对个性化的教学服务，从而取得较好的学习效果。这大概也是培训机构存在的最大价值，是它作为学校教育补充存在的最大理由。学生负担过重与培训机构火热似乎并无直接因果关系，只要有需求存在，哪怕严禁开办培训机构，培训或补课也会以各种形式存在。

市场净化须"管之有道"

1917年,美国国会宣布禁酒,并且把禁酒令写进了宪法,称为第十八修正案。人们可不管那么多,明着不能喝就偷着喝。没过几年,秘密喝酒就成燎原之势,人们的饮酒量不仅大大超过了禁酒令发布之前,而且酒的价格也越来越高。立法者对此进行了充分的反省,1933年,美国国会废除了第十八修正案,酿酒、运输、买卖和饮酒都是合法的,重新开放了酒的市场,但禁止未成年人饮酒,并对借酒闹事、酗酒肇事者给予严厉惩戒,从而顺应了民心民意。如何减轻学生过重的课业负担,如何整顿培训市场,这个案例可以给我们某些启示。

中小学生课业负担过重,根源还是出在文化意识、人才选拔任用机制乃至金字塔形的社会结构上,这不是短期能够改变的。就当下来说,关键还是要办好学校,政府有责任均衡配置包括师资在内的教育资源,办好每所学校,让学生在校内就可以享受到相对优质的教育。教育主管部门要把办学自主权还给学校,让学校在法律规定的范围内有权利安排切合实际的教学活动,能够有可能实施更加个性化的教学和辅导,让多数学生在校内教学中就能"吃饱"。至于培训机构,既然是市场的产物,政府的责任是制定准入门槛和监管条例,明确清晰的监管主体,确保有效实施监管,其他的理应交给市场规律来决定。

请慎用我们的"教育权"

半期考过后的周末,班上一个学生给 S 老师发来短信,短信大意如此:"老师,我在这次考试中有两道题是抄袭的,回去后越想越不安,觉得自己不诚实,做了件很可耻的事情。请老师原谅我的错误,并将我的分数改过来,我保证今后再不会犯这种错误了;也请老师能够为我保密,我怕我母亲知道了会很伤心。"看到短信后,S 老师批评了学生考试作弊的行为,也肯定了他能够主动承认错误的做法,同时承诺为学生保密。

因为修改分数必须通过备课组长,S 老师便将此事告诉了备课组长,并请求备课组长为学生保密,备课组长答应了他的要求。没想到,备课组长又向年段长汇报了此事。年段经研究,决定勒令该学生停课三天回家反省,以儆效尤。

知道年段的处理后,S 老师非常生气,责怪备课组长违背了对自己的承诺。备课组长并不认为自己的做法不妥,其理由是,考试作弊总是禁而不止,这次该学生承认自己作弊,正好可以借此扩大"战果",挖出其他的作弊分子,教育大多数学生,是一件好事⋯⋯

S 老师为此郁郁不欢,感到深深的愧疚,他不知道以后该如何去面对该学生⋯⋯

设身处地地想,我也为 S 老师不安,年段的处理无疑将 S 老师推到一个非常尴尬的境地。然而,让我更不安的是,这个事件将对这个孩子产生怎样的影响?将对年段其他孩子产生怎样的影响?

这个孩子能够对老师坦诚相告自己的作弊行为并忏悔，无疑对老师怀有一种爱戴和信任。然而，这件事情发生后，他还能信任老师吗？甚至，他是否会因此而对成人世界产生严重的信任危机？是否会因此而紧锁心扉？是否会给他的心灵投下终身难以消除的阴影？是否会深深后悔自己主动承认错误的行为？是否会让他得出这样的结论：原来对待犯过的错误，最好的办法就是隐瞒甚至是继续？是否会让别的学生将他作为这样一面镜子：原来承认错误的后果是如此严重？

说真的，我在听 S 老师叙述学生的短信时，对学生的认错行为打心里欣赏。我在学生生涯中，也曾产生过作弊的念头，也曾偶尔有过作弊的行为，也曾为作弊谴责过自己，却从未有勇气向老师承认自己有过这种念头，也有过这种行为。犯了错误，能够及时站出来承认错误，我以为是需要大勇气，甚至是大智慧的！仅仅因为那条短信，我就对那位学生怀有一份尊敬，也对他的父母怀有一份敬意，我相信这个家庭的教育一定是善的。

对年段的处理方式，我只能觉得遗憾。佛家有云："放下屠刀，立地成佛。"以杀生为大恶的佛教对曾经的"杀生者"尚有如此的宽容，为什么我们的教育对在成长中的孩子要如此的苛责呢？何况，不问前因后果的简单惩戒，是不是真有教育效果？甚至是否会达成反效果？我们的教育者是否深思过、评估过？苏霍姆林斯基曾谆谆告诫教师："亲爱的朋友，请记住，学生的自尊心是一种非常脆弱的东西。对待它要极为小心，要小心得像对待一朵玫瑰花上颤动的欲坠露珠，因为要摘掉这朵花时，不可抖掉那闪耀着小太阳的透明露珠。"怎样"极为小心"？需要教育者给孩子的成长以耐心的期待，对孩子成长中的错误给予应有的谅解和宽容。需要教育者用真诚、细心、智慧来实施教育。

这个事件中，年段的初衷是通过对该学生的处理达到以儆效尤的目的，严肃考风考纪，打的是"教育"的旗帜，行使的是教育权利，似乎是真理在握，却唯独没有考虑到，这个学生的作弊行为是自己主动承认的，并且已经为此深深自责。这种自责正反映了学生的自我觉醒，而这种觉醒不正是教育所追求的效果吗？我相信，如果老师保护了这个孩子的自尊，并因势利导和孩子进行更加深入的对话，一定会产生一个美丽的教育故事。遗憾的是，这个故事因为教育者的粗暴将可能完全改变。

保护孩子的自尊，保护孩子天性中的真诚、善良、正直，难道不是教育的重大责任吗？当我们以教育的名义施以任何形式的教育手段时，我们都当警惕，我们是否正在践踏孩子的尊严，是否正在逼迫孩子放弃真诚、善良、正直！伪教育比不教育更可怕，更具危害！苏霍姆林斯基说："请你记住，教育——首先是关怀备至地深思熟虑地小心翼翼地去触及年轻的心灵。"在学校中，每一个生命都是全部。教育的目标是人的成长和幸福，"关怀备至地，深思熟虑地，小心翼翼地"呵护和关怀每个生命，理应是教育的第一要义。当我们行使我们所掌握的教育权利时，请慎重再慎重吧。

这样处理作弊可以吗？

又到升学季。朋友家孩子要升初中了，朋友为孩子数学学不好而烦恼，找我这个曾经的中学数学老师支招。我问他孩子是什么时候开始不喜欢数学的，他回忆道：

小学二年级前孩子数学成绩在中上水平，谈不上喜欢不喜欢。上三年级时，换了一位数学老师，这位数学老师据说是名师，以教学严格著称。这位老师任教后的第一次半期考，孩子考了100分，是这次考试班上唯一的满分，也是孩子难得的一次满分。没想到，考卷下发后，有同学"举报"孩子和同桌考试时作弊。老师问孩子有没有作弊，孩子坦承，同桌抄了她一道题，于是老师宣布两位孩子的成绩都记0分。孩子回家后哇哇大哭，我问明情况后，找老师沟通，希望老师能"手下留情"，以批评为主，给孩子一个机会。老师责问我："你难道不知道对孩子的教育，道德比成绩更重要吗？"我理屈词穷，败下阵来。

这以后，孩子见到数学老师就害怕，数学课经常心不在焉，从内心恐惧、逃避数学。更为严重的是，孩子变得越来越不自信，成了老师眼中的"问题学生"。

这位老师对作弊的处理对吗？朋友也很困惑，"道德比成绩更重要"，老师说的似乎无懈可击，用"0分"来给孩子一个深刻的教训，让孩子明白"作弊是可耻的""是要受到严厉惩罚的"，这是基于教育而实施的惩戒，你能说老师做的不对吗？可是貌似对的"惩戒"教育，为什么却毁了孩子对一个学科的学习热情？甚至可能对孩子的性格带来难以估量的影响呢？

将一个九岁孩子给同桌抄题的行为上升到道德的高度，老师站在道德的制高点，并不觉得自己的处理方式有什么问题，这样的处理也符合学校的制度规定。在老师看来，作弊是非常严重的行为，是学生不诚实的表现，并且影响考风学风，非严厉处罚不可。处罚也是教育的手段，恰当的处罚并无不可。然而令人遗憾的是，处罚往往都是就事论事，而忽视了事件中的人。止步于处罚，会带来怎样的影响，很多教师并不关心。奥地利心理学家阿尔弗雷德·阿德勒告诫说："在我们试图重塑孩子的生活模式之前，我们一定要对孩子的再教育慎之又慎，要确定再教育的后果。只有那些对孩子的教育或再教育有深思熟虑和客观判断的人，才有可能获得预期的效果。"（《儿童的人格教育》，张庆宗译）在这样的一个事例中，至少应该追问：对于九岁的孩子，考试"偷看"和"提供偷看"的行为后面隐含着怎样的动机、观念、感受？对这样一个行为作简单的道德评判对吗？0分处罚能起到教育当事孩子以及他人的效果吗？处罚在维护纪律和警示他人的同时会给孩子带来怎样的困扰？实施了0分处罚，能否就止步于此，教师需要怎样的教育跟进？教师和家庭应该形成怎样的共识和行动？当我们真正站在儿童的立场，站在有利于儿童发展的立场来处理这个事件时，其结果可能就会大不一样。

考试作弊固然令人反感，然而不问前因后果的简单惩戒，是不是真有教育效果？当我们以教育的名义施以任何形式的教育手段时，都应当警惕，你是否正无意中伤害了孩子宝贵的自尊？是否正在逼迫孩子放弃真诚、善良、正直？教育即影响，这种影响既可以是正面的，也可能是负面的，有的影响将会伴随终生，教育者必需小心翼翼，把目光深深地聚焦于人，目中有人，心中有人。人即目的，才不会动辄高举道德的大棒，以教育的名义给人带来不可挽回的伤害。所以阿德勒告诫说：我们不能根据成年人的常识来假设儿童的行为都是符合逻辑的，我们要认识到孩子在理解自己的处境时会犯错误。我们要记住，如果孩子不犯错误，那么教育就失去了意义。

台湾作家林清玄在一篇文章中写了一位小学老师的故事：这位老师在接班

时一改前任教师给学生评分都很低的做法，将作业的分数最低定为甲下，好一点的就是甲，再好一些的是甲上，写得很不错的，甲上加盖一个苹果的印章，真的很用心的则给他甲上加两个苹果印章。就是这样一个小小的改变，让这个原本学习热情低落，很多孩子都失去学习信心的班级，重新焕发了活力，所有的学生都改头换面，成为充满自信、容光焕发的孩子。

文章中林清玄引用了《正法眼藏》中的一个故事：磐山禅师久修不悟，非常苦恼，有一天禅师独自走过街头，看到一个人在肉摊前买猪肉，那人对肉摊老板说："给我切一斤上好的肉。"肉摊老板听了，两手交叉在胸前说："请问，哪一块不是上好的肉呢？"磐山禅师听了当场大悟。

林清玄由此感叹：我们的孩子哪一个不是上好的孩子呢？真正从孩子身上看见生命的至善至美的人会发现，孩子不只配得上甲上加两个苹果，每一个孩子都配得上甲上加10个苹果的！

我们的孩子哪一个不是上好的孩子呢？若能用这样的欢喜心看待孩子，我们对待孩子的错误，就会抱以更多的同情、理解、宽容，就会思考得更多更深，处理方式也会更谨慎些。

惩戒当慎施

2017年，青岛市政府发布了地方性规章《青岛市中小学校管理办法》，办法第十一条第三款规定："中小学校对影响教学秩序的学生，应当进行批评教育或者适当惩戒；情节严重的，视情节给予处分。学校的惩戒规定应当向学生公开。"一石激起千层浪，一些教育工作者为此欢呼雀跃，有称"翻身农奴把歌唱"者，有称"戒尺不应该下岗"者，更有将"惩戒"与"体罚"混为一谈者，以为从此可以手持"尚方宝剑"，获得某种程度的"体罚"的权利。

惩戒和奖励一样，都是教育不可或缺的手段。

在地方性教育规章中，惩戒早已有之。《福建省中小学生学籍管理实施细则》对惩戒有这样的规定："学校应坚持以教育为主，对违反学校管理制度的学生给予帮助和批评教育。对极少数错误严重、经反复教育仍不改正的学生，义务教育阶段学校可视其情节分别给予警告、严重警告和记过处分，普通高中学校可视其情节分别给予警告、严重警告、记过、记大过和留校察看处分。"其他省市的学籍管理办法我没有研究，但多数应该也有类似的规定，可见学校惩戒权管理部门早已赋之。

但事实上，在实际执行中，这样的"惩戒"很少被运用。究其原因，正如凌宗伟老师在《学校实施惩戒尚须细化规则》一文中所说：一是警告、严重警告等，往往对学生起不到应有的教育效果和警示作用，而记过、留校察看、开除等一旦实施，往往又会遭遇来自方方面面的阻力。另外，什么样的问题施以怎样的惩戒手段，也不容易界定。于是，奖惩就慢慢演变为只奖不惩了。正因为只奖不惩的现象越来越普遍，惩的缺位带来了越来越多的教育困扰，所以当地方教育法规中明确提出学校和老师可以"适当惩戒"时，教育界才会广泛认可。

然而，该法规中并未对"适当惩戒"进行界定，什么样的行为属于惩戒，何为适当，这些恰恰是学校和教师无法把握的难题。没有清晰的界定，法规难以执行，只能是一纸空文，其导向意义比实际应用价值更大。

何为惩戒？警告、处分都应属惩戒之列，但惩戒的范围当不止于此，罚站一段时间、罚抄一遍作业、罚扫地是否属于惩戒？理论上说，惩戒指向的是发生的问题和事情，它与体罚有着本质的不同，不针对学生的身体实施处罚，不会对学生身心带来伤害，更无人格侮辱的意味，其目很明确，旨在通过实施惩罚的行为对当事者起到告诫、警醒和教育的作用。

"体罚"是对学生身心实施的伤害，直接指向于学生身体，很容易异化为教育者不良情绪的发泄方式。体罚通常都是强者施加于弱者的。一个事实是，体罚往往都发生在学生年龄较低的学段，试想一个比教师更加孔武有力的学生，哪怕行为多么不端，老师敢轻易体罚吗？体罚的非正当性亦由此可见。有人以古人"棍棒底下出孝子"来证明体罚的必要性，"棍棒教育"古已有之，其中最著名的莫过于古代斯巴达的战士教育，贵族子弟从小就要被送到学校集中接受严格的军事化管理和教育，教育手段以严格的纪律要求和严厉的惩戒而闻名，旨在培养纪律严明、英勇善战的战士。然而，具有讽刺意味的是，斯巴达的军队只要离开斯巴达地区，其军纪之差、将官士兵之腐化贪婪令人瞠目结舌，从小接受的纪律教育在他们身上荡然无存，"棍棒教育"的效果由此可见。因此，肯定教师的惩戒权，前提是要划清"惩戒"与"体罚"的界限，必须绝对摒弃体罚。

如何实施惩戒，在具体教育情境中，教师最大的困境是，难以把握一些并非直接针对学生身体的惩处行为是否属于体罚或变相体罚，如课堂上罚站、罚抄作业、罚扫地、罚跑步、罚留堂等是惩戒还是体罚或变相体罚？很多教师为青岛"可以适当惩戒"的规定点赞，估计是觉得这里的"适当"就是默许了上述行为。但教育的困难正在于，每个个体的身心承受能力都是不一样的，"当头棒喝"可以让人顿悟，也可能让人因惊吓而精神失常，无论奖还是惩，因材施教才是王道。惩戒的"度"绝非一纸文件能清晰界定的。

回首往事，最让我汗颜甚至痛心的是从教之初施之于学生的惩戒，比如某日巡视时发现自习课纪律不好，却逮不到吵闹者，于是放学后把全班同学留下来相互"揭发"，直到找到违纪者为止。班级纪律的确也因此越来越好，我还沾沾自喜自己有办法，并未觉得那种做法对学生身体有何伤害，自认为并未越过"体罚"的界限。不就是饿饿肚子吗？古人不是说"天将降大任于斯人也，必先苦其心志，劳其筋骨，饿其体肤"吗？从教多年后，细思当初的行为却后悔不已，我的做法其实并无甚高明之处，回想起来，当时实施的所谓"惩戒"，不过都是自己教育无能的表现而已。若有机会，我愿意真诚地向学生道歉。

不加思考地把"惩戒权"交给教师，可能的结果是，一部分教师仍是不敢越雷池半步，并不能有效应用"惩戒"的教育功能。还有一部分教师可能会大胆运用"惩戒"来让学生服从管教，基本上是出于维护某种秩序的考虑，至于其中有多少的教育成分，恐怕真正深思者不多。20世纪90年代中期前，人们对"体罚"的包容度还比较高，我在不同学校里见过各种各样的"惩戒"方式……这些所谓的"惩戒"，对学生身体或许并不会造成实质性的伤害，但其人格侮辱意味十足，也许能让学生一时心生畏惧，达到教师"戒"的目的，但其中却已无丝毫教育可言。

"惩戒"虽是教育手段之一，但如何合理地实施"惩戒"，绝不是简单的一句"可以适当惩戒"所能解决的。所谓失之毫厘，谬以千里，把握不当，既可能对学生造成严重伤害，也可能给实施的教师带来无法承担的后果，更可能带来教育的变异。给了"惩戒权"，却又无法清晰界定，我想，教师还是慎用为好，尤其是无法确定"惩戒"是否合适及其可能产生的后果时，更是不用为佳。缺乏教育智慧，缺少发自内心的关爱，所谓"适当惩戒"，最终会演变成什么，几可预见矣。

彼此看见，彼此照见
——成功学校的共同密码

为什么有的学校能够一直走在成功的路上，有的学校却难以摆脱平庸的命运？看到不同学校的样态，头脑中总是会浮现托尔斯泰的名言："所有幸福的家庭都是相似的，不幸的家庭则各有各的不幸。"学校和家庭有类似之处，成功的学校一定有其成功的共同密码，平庸的学校之所以平庸，可能各有各的原因。

成功学校的共同密码是什么？依我的观察，"彼此看见"应该是一个重要密码。有人会说，学校中的人不是天天都在看见吗？事实上，这种所谓的"看见"往往是视而不见，是有目无心之见。彼此看见，不仅是用眼，更是用心来照见。

彼此看见，前提是每个人能看见自己

看见自己是彼此看见的前提。看见真实的自己很多时候很难，古老的阿波罗神庙镌刻着流传千古的神谕——"认识你自己"，苏格拉底认为人永远都是不成熟的，亚里士多德认为自然的存在都会朝着一个完美的方向运行，人作为万物之灵更是如此，"发现自己"是人的本能，尽可能地实现自我，将生命中已有的潜能化为现实是人的道德义务。看见自己是人与周围世界圆融互摄的前提，是人走向自我实现的起点。看见自己，既看到自己的长处，也看到自己的短处，认识自己和芸芸众生一样有喜怒哀乐等七情六欲，有时也会有私心，有时也会被情绪左右……如此，才会有同理心，不会自觉高人一等，用平常心看

待自己、看待他人，与人沟通才能心平气和、言辞恳切，也才能够更加自信从容，心灵舒适自在，与人交往才会更加亲密和谐。看见自己，看到自己的不成熟，才能成为一个自觉的反思者，才会有不竭的学习动力，推动自己不断地成长，不断地自我超越。看见自己，认识到自我的局限，才能保持开放的心态，能够理解和接受多元文化，对新生事物和学校的改革创变乐见其成。看见自己，才能安顿好心灵，获得自身的认同和自身完整，而这对于教师，是何等的重要！教育是唤醒，是"一朵云推动一朵云，一棵树摇动另一棵树，一个心灵唤醒另一个心灵"，教师只有保持自身的完整，才有能力去唤醒学生，才能过上幸福完整的教育生活。

作为学校的最高行政长官，校长要看到自己，往往比学校中的其他人更难。然而校长看到真实的自己对领导学校十分重要，是必修之功。一些平庸的学校，校长或碌碌无为，不思进取；或妄自尊大，目无余子；或独断专行，霸道蛮干；或不学无术，孤陋寡闻。悲哀的是，校长却没有这样的自我认识，他们总会为学校的平庸找到种种原因，唯独看不到自己恰是其中最重要的因素。校长只有看到自己，才能有清醒的自我认识，知道自己的不完美，知道自己可能思虑不周，知道自己可能目光短浅，知道自己会犯这样那样的错误。如此，校长才不会在鲜花和掌声中膨胀到认为自己是学校中那个永远最正确的人。看到自己，校长才能够做一个真正的倾听者，虚怀若谷，海纳百川；看到自己，校长才能够虚心接受来自各方面的批评，有则改之，无则加勉；看到自己，校长才能够成为自觉的思想者，反躬自省，乐于改变；看到自己，校长才能够成为终身的学习者，读书研究，学养日深；看到自己，校长才有可能成长为真正的教育行家甚至教育家，"教育家办学"才能成为可能。

彼此看见，是每个人能看见他人

学校中的管理者应看见教师、看见其他岗位的员工，看见他们的工作，看见他们作为生命个体的喜怒哀乐和情感需求，体察和理解他们的困难，赞赏他们的付出和价值，主动为他们提供更周全的服务，用心为他们提供更好的工作环境。老师看见管理者，知道正因为他们的付出，学校的教育教学工作才井然有序，知道自己的成功后面都有他们的身影，否则学校就是一盘散沙，学校也就不成其为学校。学校中成人看见孩子，听得到孩子成长拔节的声音，尊重儿童成长的规律，既为孩子的成长喝彩，也赋予孩子犯错误的权利，成全每个生命的生长。学校中孩子看见成人，看见这一群人为他们的成长付出的努力，意识得到这些人都是他们生命中的贵人，发自内心地敬重这群成年人。学校中的孩子彼此看见，从每个伙伴身上照见自己，惊奇于生命在成长中的相互推动，珍惜这样一场同窗的缘分。

彼此看见，要看见他人在学校中的独特价值。教育教学工作具有相当程度的独立性，其最大的特点是个体的创造性和工作强度、质量的模糊性，因此教师工作的艰巨和付出往往不为人所知，哪怕同学校不同学科之间的教师对彼此的工作也经常缺乏足够的了解，学科本位是常见的现象，一些技能学科的教师往往因成为学校中比较弱势的那拨人而受轻视。事实上，学校中每名教师对孩子的发展而言都具有同等的重要性，教育教学若从教师付出的角度来定义更是一项"无底洞"的事业，一名负责任的教师任教任何学科，付出几乎都是没有边界的。看见他人在学校中的独特价值，意识到每个有责任感的人都是学校这个系统中不可替代的，才能够由衷地尊重他者的劳动，才能够设身处地去理解他人的困难并乐于随时伸出援手，才能够发自内心地欣赏、悦纳他人，对他人充满敬意。如此，学校和谐善美的风气才能自然形成。在这样的文化场域中，每个人的生命都是自在的、舒适的、开放的、饱满的，人与人之间形成相互滋养、相互激励的关系，学校中每个人的生命能量自然汇聚成一股巨大的力量，推动着学校走向卓越。

校长作为学校中的"平等首席"，还要看见学校中每个教师都有发展的需要。一个校长在一所学校任职多年后，如果学校的教师都还在原地打转，这个校长就是一个不称职的校长。没有教师的发展就没有学校的发展，一个成熟的校长一定会看见教师的发展需要，努力为教师的发展提供最充分的支持。看见教师的发展需要，校长会将引领教师走上科研之路作为学校的重要工作，并持之以恒地抓好；看见教师的发展需要，校长会特别重视教师学习文化的建设，带领教师读书、思考、写作；看见教师的发展需要，校长会愿意为教师专业发展搭建各种平台，乐于促成教师参加各种教研、培训、进修、比赛；看见教师的发展需要，校长会关注每名教师的个性特长，为每个人的发展创造机会和提供合适的平台。

学校中的人彼此看见，每个人都在他人充满善意的目光中，自我悦纳，自我鞭策，自我负责，自主生长，这样的学校能不成功吗？但彼此看见，其本质是优秀的学校文化，说起来容易，做起来难，尤其在绩效至上、竞争文化盛行的学校，彼此看见更是奢谈，需要彻底摆脱这种文化桎梏，真正把"人"在学校中立起来，下慢功夫，长期浸染，方可渐成。

我理想中的教师、校长、学校、教育

教 师

教师应该时刻关注自己的品格修养,不断追求自我完善。第斯多惠说,教师"希望引导别人走正确的道路,激发别人对真和善的渴求,使别人的素质和能力得到最高的发展,因此他应当首先发展他本身的这些优秀品质"。教师是学生直接的榜样,是学生学习的一面镜子,教师的一言一行都在潜移默化地影响着学生,这就要求教师要比一般人有更高的道德水准,要求教师"吾日三省吾身",加强品格修养,追求自我完善。

教师应该是一个博学的通识家,不仅应该精通本学科,是本学科的专家,还应该学识渊博,是个通才,对文学、历史、哲学都有广泛的涉猎,喜爱阅读,有丰厚的文化素养。"腹有诗书气自华",广泛的阅读才能够使教师思想不退化,才能够使教师保持对生活的热情,始终拥有一颗慈爱的心,才能够使教师有更加理性的思维和判断。只有让阅读成为习惯,教师才能够积淀丰厚的文化底蕴,才能够使课堂厚重、深刻、立体、智慧,才有可能使课堂充满生命和人文关怀。

教师应该有高超的教学艺术,能够让 45 分钟的课堂成为学生的精神盛宴。教学是一门艺术,艺术的生命在于创新,好的教师永远不会照本宣科,不会强制和灌输,不会生搬硬套某种教学模式。好的教师善于在动态的课堂教学中,充分激发学生的求知欲望,唤起学生的学习热情,引导学生体验成功的喜悦，课堂充满着教学智慧，流动着生命的关怀，每节课都是师生共同成长的生命历程。

教师应该富有激情，能够点燃学生求知的渴望。马克思说，激情是人追求自己的对象世界的一种本质力量。激情是一种品质，能够使人青春常驻，永保活力；激情也是一种力量，能够在瞬间打动人，感染人。激情不仅使教师更加可亲可爱，使课堂更加生动活泼，使学生更加情绪饱满，更重要的是，只有激情能够造就激情，只有激情能够点燃梦想。

教师应该善于合作，能够和同事分享成果，能够汲取他人的成功经验。教师应该具有强烈的团队意识，知道只有所有任课教师形成合力，才能实现教育效果的最大化；知道只有同行之间互相切磋，才能突破教学的"高原现象"，不断提高教学艺术。因此，好的教师必定乐于走进同事的课堂，乐于和同事就教学问题进行深入的探讨，乐于和同事共同攻关教育科研课题，乐于和大家交流教学心得体会，兼收并蓄，博采众长。

教师应该有一颗慈爱、包容之心。苏霍姆林斯基说："教育的全部奥秘在于对儿童的爱。"好的教师一定有一颗温情、细腻、持久的爱心，他时刻关注学生的一切生活和学习细节，能够敏锐地感知学生情绪的变化，体悟学生情感的需求，小心翼翼地保护每个学生的自尊，谨慎地对待学生的每个错误，耐心地等待学生的成长，宽严有度，严中有深爱，如春风化雨，润物无声。

教师应该乐于思考，能够理性地驾驭教育教学行为。拒绝思考就是拒绝进步。什么是教育？什么是孩子们需要的教育？什么是良好的教育？仅仅凭借教育学上的定义来理解是不够的，从事教育实践，却无法清晰把握教育，会使教育实践失于机械，失于盲目。好的教师一定会对教育进行深刻的思考，能够不断丰富自己对教育的认识，只有这样，才能有意识地实践自己的教育理想，而不是把教育仅仅作为安身立命的职业。

校　长

校长应该是一个具有强烈现代公民意识的人。他对社会进步具有强烈的责任感和使命感，能真切感受到作为校长身系千万人的未来，因而时刻警醒，始终致力于建设好的学校，追求真的、善的、美的教育；他具有民主的品格，能够将自己和教师、学生视为拥有同样自由权利、有尊严、有价值的人，能够以积极、宽容、开放、平等的心态来应对学校事务，能够重视凸显人的主体意识，在师生心田种植民主的种子。

校长应该是一个热爱学习的人，他始终坚持把广泛、持之以恒地阅读作为自己生活和职业的习惯，在阅读中不断批判和汲取，不断开阔视野，不断丰富心灵，不断滋长教育和管理的智慧，以使自己能够一直站在教育思想的前沿。校长既是教师学习的倡导者，更应该是亲力亲为的榜样。

校长应该是一个对生命持有强烈激情的人。罗素说："对爱情的渴望，对知识的渴求，对人类苦难痛彻肺腑的怜悯，这三种纯洁但无比强烈的激情支配着我的一生。"校长也应该是一个始终热爱生命、关心人类命运的人，他应该具有丰富而敏感的精神世界，有悲天悯人之心，有善良博爱的情怀，对人类的苦难感同身受，对欺骗、专制、暴力深恶痛绝。这种激情，不仅能够强烈感染和影响着师生，而且能够使校长更具独特的个人魅力，从而成为师生的精神领袖。

校长应该具有自己的教育理想，并且有殉道般的情怀。校长要有明晰的教育理念，有自己崇高的教育追求，他能够清晰地把握教育是什么，能够明确教育要培养怎样的人，能够清楚地知道现行教育的弊端，能够坚定不移地开拓创新；他富有远见，坚忍不拔，积极进取，而又不计得失、淡泊名利，富有牺牲精神；他胸襟博大，海纳百川，兼收并蓄，而又不迷信、不盲从，不断坚定自己的教育理想和信念，勇于改革和创新。如此，校长对学校的领导才能真正体现为"教育思想的领导"，校长也才能有强大的精神感召力。

校长应该具有较强的管理能力和娴熟的领导艺术。好的校长肯定是一个好的管理者和领导者，他应该具有良好的计划和组织能力，能够统筹全局，科学规划学校的发展蓝图，为师生、员工描绘共同的学校愿景，使人人在这一愿景下追求学校和自我的发展；他具有民主谦逊的工作作风，平等待人，知人善任，长于协调沟通，乐于倾听和等待，能够充分挖掘教师的潜能；他具有良好的品格素养，严于律己，身体力行，谦让容人，真诚坦率，师生乐于和他亲近，乐于向他提出批评和建议，他是全校师生人格修养的楷模。

学　校

学校应该是一个让人感觉舒适、有温度的地方。学校不一定要有气派的教学楼、豪华的体育艺术馆、昂贵的塑胶运动场及其他一流的现代化教学设施，但好的学校一定会让你惊叹于它的整洁和典雅。一走进大门，或让你肃然起敬，或让你如沐春风，校园中的点点滴滴都让你感觉到校方的匠心独运，充满对人的关爱，每幢楼、每面墙、每棵树似乎都能言说，都在化育你，点拨你，让你呼吸到弥漫在空气中的文化气息。漫步在这样的校园中，你遇到的一定是友善的微笑，感受到的是文明、温馨、祥和。

学校应该有一支真正热爱教育的教师团队。学校关注自己的教师，把教师视为学校的主人，尊重每名教师的价值，信任和依靠教师，使教师自觉地参与到学校的管理中，与学校同呼吸、共命运。在这样的学校中，教师能够把学校的发展与自我的发展紧密相连，不断追求专业的成长，教师之间和谐相处，乐于合作和分享。他们热爱课堂，把课堂45分钟的教学视为在演奏生命华彩的乐章，一生孜孜以求；他们热爱学生，把学生视为自己的子女、弟妹，用心灵与学生交流，用生命来滋养学生。

学校应该把学生真正放在中心。学校不一定要有一流成绩的学生，但一定要有符合人性的教育理念和教育行为，让每个人都能在学校中自由、快乐地成长。学校尊重自己的每一个学生，尊重每个学生独特的个性和生命经历，尊重和包容不同的文化。学校里没有歧视，没有粗暴的呵斥，没有专制的规条，"尊重个性，崇尚民主"是学校的灵魂，所有的教育都立足于尊重和平等，所有的教育都着眼于为孩子们的健康、和谐、全面发展奠定基础。学习、生活在学校中，每个人都在体验成长的喜悦，每个人都在成长为立体的、现代的、丰富的、独立的、真正的人。

学校要有积极健康的精神，有自由、民主的空气，有痴迷于教育的教师。好学校不一定要有名气，也许只是偏远乡村的一幢孤立楼房，也许只是城市高楼包围中的一个狭小院落，可能没有政策的偏爱和倾斜，也可能没有骄人的升学率，但它是师生"幸福的栖居地"，是他们的精神家园。在学校中，每个人都能自由呼吸到新鲜的空气，都能舒畅地伸展身躯，从一所学校毕业，虽然每个人内心都刻上了影响他们终身发展的印记，但每个人仍是独具个性的个体，而不是学校整齐划一的"产品"。

教 育

教育应该充满对人性的关照和尊重，倡导和力图建立的是民主、宽容、平等、和谐的师生关系。这种教育"教育过程与其说是传授知识的过程，不如说是学生对人生的体验过程，是师生的对话过程。师生之间相互尊重、信任和平等，双方相互倾听和言说，彼此敞开自己的精神世界，在理解和对话中获得了精神的交流和共享"。（《为人的终身发展奠定基础——江苏省丹阳高级中学教育案例评析》，李霖主编）在这样的教育中，人的真我得到尊重，生命得到润泽，心智得到启迪，人格得到提升，人性的真、善、美在每个人的心田自然绽放。

教育应该为人的终身幸福奠基。教育一定要关注到每个鲜活的生命个体，把为每个受教育者奠定幸福生活的基础作为教育的本质追求。因此，教育应该要为每个人走向社会打下坚实的基础，能够让每个学生的特长和潜能得到充分的发展。正如苏霍姆林斯基所说："教育要在每一个人的身上发现他那独一无二的创造性劳动源泉，帮助每一个人打开眼界看到自己，使他看见、理解和感受到自己身上的人类自豪感的火花，从而成为一个精神上坚强的人，成为维护自己尊严的不可战胜的战士。"在这样的教育中，学生的个性将得到最大的关注，独立性、自主性、创造性将得到最充分的发展，教育将"帮助每一个学生发现和找到他自身潜藏的、能使他在为社会谋福利的劳动中给他带来创造欢乐的那条'含金的矿脉'"。（《完整地理解个性教育》，刘文霞著）

教育应该充满爱。"爱就是教育，教育就是爱"，没有专制，没有粗暴，没有体罚，没有心灵的虐待。在这样的教育中，学生感受到的是细致、耐心，是信任、期待，是尊重、关怀，是心与心的碰撞，是情与情的交融。在这种春风化雨般的爱的包容中，爱的种子才能在受教育者心中滋长，人类最伟大的情感才能得以孕育和升华。

教育应该是科学性和人文性的协调统一。科学教育教人们正确认识客观世界，具有现实的实用性，其作用和重要性已被人们广泛接受，而教人"求善""求美"，与人的思想解放、与人的全面发展紧密联系的人文教育却经常被忽视。教育应该把科学教育和人文教育相融合，既致力于培养受教育者的科学素养，又始终关注提高其人文素养。让人们在追求真理的同时，追求人格的健全，追求人与社会、自然的和谐统一发展；让人普遍成为有坚定信仰的，对人类文明和自然满怀感激并充满敬畏的人。

教育应该富有批判精神，能够把人培养成具有民主意识和现代公民意识的人。教育应该始终拒绝欺骗和专制，要力求通过帮助和恰当的引导，使受教育者成为能够独立思考、理性思维、富有批判精神的具有独立人格的人。正如蔡元培先生所说，"教育是帮助被教育的人，给他们能发展自己的能力，完成他的人格，于人类文化上能尽一分子责任；不是把被教育的人，造成一种特别器具，给抱有他种目的的人去应用的"。换言之，教育培养的应该是具有现代民主和公民意识的真正的人，这样的人既乐于承担应尽的社会义务，又敢于争取正当的权益，既善良、正直，与人为善、乐于助人，又能为社会公平、正义而"铁肩担道义"。

我眼中的好校长
——校长故事的启示

一位好的校长可以成就一所好学校，校长之于学校的重要性不言而喻。怎样的校长可以称为好校长？下面几个校长的故事也许可以刻画一二。

进不进校，如何选择？

D 校长履新，到地处工业区的一所学校任校长。上任后他发现，与城区学校不同，该学校门口每天早上的拥堵时段出现在 7:00 到 7:30 之间，大量学生聚集在学校门口，环境嘈杂，安全隐患极大。D 校长了解后才知道，因为学校 90% 以上的学生是外来务工人员随迁子女，家长多数都在周边企业就职，且很多是双职工，一早就得赶去上班，只能将孩子早早送到学校，但学校规定学生 7:30 才能进校，这就造成了 7:00 到 7:30 之间学校门口的大拥堵。D 校长不解，既然有这么多学生都到校门口了，为什么学校不开大门让学生进校呢？

D 校长决定让门卫提前开校门。为慎重起见，他先召集班子成员通报了此事。没曾想，遭到很多人的反对。理由主要有两条：其一，学生进了学校，安全责任就要由学校负责，学校没必要把这种责任揽到自己身上；其二，学生进了学校，就必须有老师管理，这样老师上班时间就要提前，给老师增加了负担。D 校长据理力争，最后大家勉强同意提前开校门。

听 D 校长述说时，我很诧异，在学校班子成员的心目中，难道学校是否要为学生安全担责比学生是否安全本身更重要？我还诧异，D 校长前面的几任校长为何能够对这样一个问题视若无睹？事实上，校园内外，何处对学生来说更安全，大家都很清楚，更别说周边交通环境如此混乱的一所学校。其实，学生进校后的管理，办法有很多，比如可以通过引导学生自主管理和加强行政值班巡查来解决，只要合理安排，并不会给老师增加多大负担。何况与学生的人身安全相比，其他任何东西，孰轻孰重自不待言。之所以 D 校长来之前大家对此现象习以为常，归根结底，还是没有真把学生揣在心里吧。

把学生揣在心里，不是一句口号，而应真切体现在学校工作的方方面面，体现在校长管理的细微之处。我在很多学校都看到这样一句标语："为了学生的一切，为了一切学生。"但细察学校所作所为，校长考虑头上乌纱帽者有之，唯上命是从者有之，跟风作秀者有之，好名好利者有之，而这些往往与"为了学生"相冲突。是否把学生放在心里，能否始终坚持儿童立场，坚持教育立场，是一块试金石。把学生放在心里，校长对办学才会有敬畏之心，才不会急功近利，不会把学生当作实现自己目的的工具。把学生揣在心里，校长才会真正站在学生中间，安安静静致力于办一所好学校。

把学生揣在心里，其本质是爱，是对每个具体的活泼泼的生命发自心灵深处的爱！苏霍姆林斯基说："教育的全部奥秘在于对儿童的爱。"缺少了这份深沉的爱，校长越努力，也许离好校长越远。

教师发展，如何激活？

L 校长是我认识多年的一位资深校长，也是一位很敬业、想做事的校长。但说实话，我有点"怕"和 L 校长见面，因为每次遇到 L 校长，都会听到他喋喋不休的抱怨，听他把自己学校的老师都数落一顿。在 L 校长眼中，身边几无可用之人，学校管理者偷奸耍滑，教师不学无术、不思进取。为激活队伍，L 校长也频出新招，可总是难见成效。如果可能，我相信 L 校长会拿起大鞭子抽打着大家往前走。但 L 校长再努力，似乎总是隔山打牛，费力不讨好。

L 校长刚到那所学校任职时，学校干部、教师队伍状况很可能如他所言，暮气沉沉，恰如一潭死水。但任职几年后，再听到他那样的抱怨，不能不说他不是一个好校长。

每个人都有向上生长的愿望，每个人内心都有过成就一番事业的美好梦想。囿于环境，囿于自身能力，这种愿望可能慢慢潜伏到土层底下了，梦想也会逐渐隐退。但我们要相信，只要有合适的气候，有恰当的施肥浇灌，这个愿望就可以重新破土而出，梦想也会重新插上翅膀。一个好的校长要有能力带来这种适宜的气候，要做那个"施肥浇灌"的人。

C校长就是这样一个人。同样是到一所大家公认的教师年龄结构老化、教师整体水平较低、教师发展动力不足的学校任职，但C校长到任不久，我在和C校长的交流中，除了听到他对这个学校整体情况的批评外，对教师个人我听到的基本都是夸奖，连学校小有"名气"的一位刺儿头老师，C校长都能找到他身上的闪光点，对教师的成长充满信心。C校长到这所学校任职后，下了很多促进教师专业成长的"猛药"，集体备课研课、中层干部带头上公开课、赴名校跟岗研修、教师阅读等措施多管齐下。按照常理，改变长期以来的安逸懒散的习惯，教师不一定能接受，但我了解到，老师们却表现出了相当的热情和支持，学校很快就呈现出不一样的精神风貌。我相信，正是因为C校长眼里有了教师这个具体的"人"，从内心深处欣赏教师，他才能走近教师，他的"猛药"，教师才愿意服下。

一所好学校必然是一所可以促进教师成长的学校，是一所可以点燃教师教育理想和生命激情的学校。这样的学校，校长会将教师揣在心里，重视建设良好的教师发展文化，为教师专业成长提供有力的支持，着眼于唤醒教师自主发展意识，着眼于让教师过上有意义的、幸福的职业生活。

将教师揣在心里，校长一定目中有"人"，他清楚地知道所谓的团队是由一个个具体的人凝聚而成的，没有教师个人的发展就不会有学校的发展。因而他关心教师个体的发展乃至人生的幸福，能够肯定每个教师自身的价值，尊重教师的主体性。

将教师揣在心里，校长明白人永远都处在不成熟的状态中，成长没有止境，自己也不例外，首先是一名教师，并不高人一等，更不可能是方方面面的权威。校长因而能够平等、真诚、民主待人，做"平等中的首席"，关心每位教师，欣赏每个人的点滴进步，为每名教师的成长鼓与呼，与大家共同成长。

学习机会，如何创造？

经常听到一些校长抱怨教育行政部门给予的学习机会太少了，其实在这样一个学习途径多样，网络、书籍等可资学习的资源取之不尽的时代，说学习机会少，很不靠谱。缺乏学习意识，很多时候即便学习机会送上门，也不知把握。有一次区里举办"互联网＋教育"校长论坛，邀请了上海某中学的校长作报告，这所学校通过移动学习终端和微课的综合运用，改变了学生的学习方式，拓展了学习的空间和时间，学生学业成绩得以较大幅度地提高。报告结束后，我留心观察，只有H校长找了这位上海校长交流，并留下他的通讯方式。不久之后，H校长就给教育局提交了带领学校一些教师赴上海考察学习的申请。事实上区里这样的活动并不少，但能利用这些资源的也就寥寥数人而已。H校长正是其中一个，虽年过五旬，但始终保持着学习热情，视野开阔，能够很敏锐地把握住学习机会，很快将新理论、新技术引入到自己的学校中。

厦门大学附属实验中学的姚跃林校长在2012年年底的一篇文章中写道："过去的365天，我有360天是在学校度过的，我可以自豪地说，我始终生活在校园里，始终思考着我所钟爱的教育事业。"360天在学校中度过，几乎可以说足不出校了，但这并不妨碍姚校长学习。在这一年里，姚校长在自己的博客里发表了84篇、共计24万字的文章。在实践中读书、思考、写作是最好的学习，这样的学习，只要是一个真正对自我有更高要求的人，是一个真正希望通过持续不断的学习让自己变得更好的人，就不存在"缺乏机会"的问题，机会都是靠自己创造的。"缺乏机会"很多时候是懒人的借口。

一个好的校长应该是一个将"更高的自我"揣在心里的人，一个努力跑在教师前面的人，他有强烈的自我提升意识，知道成长如逆水行舟，不进则退。

追求"更高的自我",校长会意识到自己是师生最直接的榜样,身体力行,将学习和思考作为每日必修的功课,不断推动自己向上、向美、向好。

将"更高的自我"揣在心里,这样的校长必然酷爱学习,能够带来学校良好的学习之风。这是一个功利化的时代,名与利如影随形,喜欢传经布道到处飞的"教育家"校长不少,虽有名气却能甘于寂寞者不多。事实上,校长读书越多,思考越深,越能感觉自身的局限和渺小,不会给自己冠上"当代的××""中国的×××"之称谓。真正的教育家自己就是金字招牌,不需要拿古人添色。一个追求"更高自我"的校长,能够看得清自己,淡泊名利,志存高远,乐于扎根教育现场,永不满足,带领学校不断向上。

也说说"学校是你必须敬畏的地方"

朋友圈里看到一篇文章《学校是你必须敬畏的地方》，转发者不少。这篇文章的写作背景不知是否与最近一些地方发生的"校闹"有关，不过在我看来，若与这些目无法纪的非正常人类谈敬畏，实在是太看得起他们了。"敬畏"是正常人才有的一种情感。

学校的确应该是一个让人必须敬畏的地方，当然，它更可以是一个温暖的地方，一个让人心生向往的地方。

学校是一个必须敬畏的地方，是因为它是传授知识的地方，是人类文明薪火相传的通道，是教人求真、求美、求善的地方。然而，并非所有名叫"学校"的地方都完全担得起学校之名。

如果学校要成为名副其实的学校，成为一个"你必须敬畏的地方"，那么，学校中传道、授业、解惑的人首先应该对它心存敬畏。

管理大师彼得·德鲁克在回忆小学时的老师埃尔莎小姐时深情地写道："我们不爱这位老师——我想，如果说爱她，对她是一种冒犯，应该说大家都崇拜她。50年后，妇女解放运动者声称上帝是女性时，我一点儿也不惊讶。我早就认为上帝可能是女的，就像埃尔莎小姐一样——黑丝斜纹洋装、夹鼻眼镜以及时髦的鞋子，这一切一点儿都不会让人不悦。她确实让人联想到上帝（至少这上帝知道我这可怜罪人的优点），不过不像做礼拜的牧师跟我们讲的上帝。"不要以为德鲁克真是一个尊师重道的人，回忆起老师都是那样深情款款。在回忆中学的求学经历时他写道："我在这所颇负盛名而且相当传统的中学就读的八年中，碰到的几个老师都相当平庸。……事实上，大部分老师不仅让学生觉得枯燥乏味，恐怕连自己都教的无趣。"对小学阶段的其他老师和大学老师，他是这样评价的："在受教于埃尔莎小姐和苏菲小姐之前的三年，我所遇见的老师也是一样乏善可陈。后来，在大学时碰见的老师也只是普普通通。……我20岁出头就开始在大学教书了，许多同事都和我的中学老师差不多——不是令人生畏就是能力不足。"这样的描述，"畏"可能有，你觉得有所"敬"吗？

有趣的是，埃尔莎小姐和苏菲小姐都只教了德鲁克一年，而这一年，德鲁克并没有学会老师希望他学会的东西。20多年后，在美国的德鲁克获知埃尔莎小姐还健在，给远在故国奥地利的埃尔莎小姐寄了一封信，信是用打字机打的，只有签名是手写。几个星期后，他收到埃尔莎小姐的回信。她写道："你一定是同一个彼得·德鲁克。我教书多年，很少失败，然而你就是我教学失败的一个例子。你唯一必须从我这儿学习的，就是写好字，但是你依旧写不好。"一位自认为教学失败的老师，却得到学生终身的爱戴。因为她们对他的影响让他受益终身："她们对我影响之深远，已到了无可救药的地步。"埃尔莎小姐用她无与伦比的洞察力、高超的教学技巧征服学生，苏菲小姐则是用爱、耐心、包容让学生心生爱戴和敬仰。

如果学校中有埃尔莎小姐、苏珊小姐那样的老师，而且，你很幸运地曾经受教于这样的老师，那么对学校的敬畏不是自然而然的吗？假如德鲁克没有遇到这两位良师，我猜想他的回忆录不会有"怀师恩"这一章节。

前不久，一位朋友急着找我咨询孩子的教育问题，朋友的孩子读小学二年级，开学一个多月，因为上课和同桌讲话，已经被调整了三次座位，夫妻俩苦口婆心地做孩子的工作，甚至威逼利诱，让孩子写保证书，但都不见成效。朋友找我是因为老师已经下了"最后通牒"，如果孩子继续和同桌讲话，就要考虑转学了，希望我能为他支支招。听了朋友的叙述后，我想了解下老师都提供了什么样的建议。我看了朋友和老师的微信对话，老师除了陈述事实、责备家长以外，没有给家长任何有价值的意见。家长面对老师的责备，一直都是小心翼翼地赔礼道歉，不敢对学校的教育责任提出半点质疑，应该是足够"畏"了，即使看到老师说"这孩子你们再不教育好，这一辈子就毁了"，家长虽郁闷，也只是回复了几张哭脸，并保证继续加强教育，不给老师添麻烦。

朋友告诉我，孩子原来挺好的，自从妻子生了二胎以后，好像就越来越不听话了。了解了情况后，我心里很不是滋味，且不说，同桌同学课堂上讲话，教师本就应该负有教育的责任。哪怕把责任推给家长来分担，教师只要对孩子抱以同情，愿意花些功夫，对孩子的家庭背景多作些了解，其实是可以给家长提供帮助的。阿德勒在《儿童人格教育》一书中，有几乎完全翻版的案例，教师如果有所涉猎，足以能给家长提供一些专业的建议。哪怕教师对此也是束手无策，如果足够负责任，请教学校的心理教师或经验丰富的教师，也应该能够向家长施以援手。

在这个教育事件当中，我完全看不到教师应有的专业精神，处理之简单粗暴，甚至连普通人的思维都不如，一个二年级的小女孩，不就是爱讲话吗，怎么就"再不教育好，这一辈子就毁了"？这样的标签，对孩子来说太残酷了。

我不知道，面对这样的教师，家长要如何才能心生敬畏！如果一所学校的教师都是这样的专业水平，都是这样的工作方式，我不知道，家长要如何敬畏这样的学校！

学校是一个必须敬畏的地方，但敬畏不能依赖自说自话。要让人敬畏，首先请我们，我们每个教育工作者敬畏这个名叫"学校"的地方，敬畏教师这个职业，努力地提高自己的专业能力，负责、用心、专业地对待每件事、每个孩子，用对的方式做教育。

洗尽铅华显真容
——也谈学校特色

这些年，围绕学校发展，"特色"一直是个热词，有谈学校发展言必提特色者，认为"特色"是好学校应有之意，所谓"人无我有，人有我优，人优我特"，颇有"不创特色誓不罢休"之势。亦有不以为然者，认为基础教育强调的是全面发展，是为学生未来发展奠基，国家规定了基本的课程和培养目标，学校之间共性大于个性，既难以形成所谓特色，更无强调特色之必要。更有校长宣称"没有特色就是最大的特色"，针尖对麦芒，直接和"特色"扛上了。

"特色"受到追捧，背后不无行政在做推手之故，各种评估往往将"特色"作为加分项目，领导视察学校最爱问的大概也是"你们学校办学特色是什么？"创"特色"成为很多学校不得不为之的选择。因为有行政强迫的影子，被动为之，就免不了形成贻笑方家的伪特色，有些校长和教育学者对"特色"表示质疑，甚至嗤之以鼻亦属正常。

"没有特色就是最大的特色"对否？学校到底需不需要特色？在我看来，学校自然可以有自己的特色，也应该逐渐形成自己的特色，关键在于我们怎样理解或界定特色。

"人无我有，人有我优，人优我特"有将"特色"简单化、庸俗化之嫌。此观点立足于比较，潜在意思似乎只要别人没有，我有的就是特色；别人有的，我做得更出彩一些，不一样一些也是特色。于是，学校创特色，最简单最便捷的方式就是挖空心思寻找"人无"的东西，创建艺术特色，葫芦丝、手风琴、陶笛、二胡、笛子人家都有了，我就找个冷门的，比如箜篌，人家或许没有了吧？我就做箜篌。至于箜篌能否普及，学生是否喜欢，能否成为学生带得走的技艺，皆不在考虑之列。若想象力不够，找不到别家没有的，或者即使找到了自家也做不来，那就得在"人有我优"或"人优我特"上下功夫了，谁优谁劣，不好比较，标新立异比较容易，于是你校跳绳是特色，我就来个花样跳绳，你也有花样跳绳，我就来几个团体跳绳，总之就是要和别人不一样方显特色。

在"人有我优"或"人优我特"上下功夫，倘能遵循教育规律，严守教育良知，立足学生发展，真抓实做，倒也不失为可行之道。可虑者，有的学校为特色而特色，走的不是正道。有的学校做传统文化特色，穿汉服，诵《弟子规》，讲忠孝之道，学生集体为父母洗脚，行跪拜礼，场面热热闹闹，如此"特色"，是教育吗？有的学校为展示某项特色，不惜牺牲学生正常学习休闲时间，加班加点搞训练，为的就是展示特色时的"震撼"效果，特色展示结束就"刀枪入库，马放南山"，学生不过是学校展现特色的道具罢了。如此特色，形同作秀，其影响恰恰走向教育的反面。这些年，每每看到那种全校性参与，整齐划一，气势如虹，让参与者甚至旁观者或热血沸腾或感动莫名的团体表演，我都要表示怀疑，那样的展示需要怎样的高强度训练？需要怎样的时间和精力投入？它能成为常态吗？全校学生都乐于接受吗？激情过后还能留下什么？教育是慢功夫，是浸染，是熏陶，是潜移默化，要让人心澄净，向美、向善，而不是让孩子学会炫耀，倾慕昙花一现般的虚华。

把特色建立在和他校的对比上，显然走入了误区。特色应该立足学生的发展需要，立足于学校自身的资源优势，在"想做什么"和"能做什么"之间进行合理选择，取得平衡，将有益于促进学生发展、学校又有能力做的事情做到极致，为学生发展提供更多的可能、更大的空间，这就是学校特色。这种特色既可以是学校管理方面的特色，可以是学校文化上的特色，资源建设和应用上的特色，当然也可以是课程建设上的特色，不拘一格，不被某些教条束缚，更不因和他校比较而显现。

"没有特色就是最大的特色"貌似是对过度强调特色的反讽，似是而非。有论者这样解释：一些优质学校，方方面面都很出色，齐头并进，因而掩盖了特色，就是所谓"没有特色就是最大的特色"。此说法未免牵强，方方面面都很出色，谓其特色很丰富岂不更恰当！其实，如此看待特色，一方面仍是走入比较的误区，似乎学校"特色"就应当与众不同，哪怕相较本校其他工作，也应当独树一帜，卓而超群；另一方面是将"特色"窄化，把特色只视为某个具体的项目或某方面的工作。事实上，一所学校方方面面都很出色，必定有其文化基因在发挥作用，学校总有让人觉得"不一样"的地方，初识者也许说不清道不明，但那个"不一样"却又若隐若现地弥漫在学校中，这种文化基因构成的学校特质，才是学校最重要、最当自豪的特色。一如北大"兼容并包"的精神才是学校永不褪色的特色，其他所谓特色在这个特色面前已经不那么重要和耀眼了。

"没有特色就是最大的特色"也可能成为平庸的托词，有些学校在社会的快速发展中缺乏文化自觉，思维僵化，自甘平庸，既无变革的热情，也无推动学校优质发展的智慧，教师缺乏职业热情，学生缺少有效能的学习支持，学校发展停滞不前，或忙于应付各式各样的检查评比，或画地为牢自我设限。这样的学校的确毫无特色可言。

如此看来，特色应该是构成这所学校之所以是这所学校的重要基因，学校还是可以追求特色，也应该逐步形成自己的特色。但这个特色不是迫于外在的要求，不是因为功利需要，不是为创特色而特色。而是基于学校自身发展内在的追求，是水到渠成的结果。日本教育学者佐藤学先生谓学校变革为"静悄悄的革命"，我喜欢这个意境，学校办学就应该如此，既不喧哗、不浮躁、不攀比，又有愿景、有行动、有担当，"静悄悄的"就有了自己的特色。

优质离我们有多远？

何为优质教育？有的地方或学校将"为学生提供优质教育"作为目标写进发展规划中，有的学校则提出"打造优质教育"，"优质教育"俨然已经成为一个高频率的教育词汇，然则，"何为优质教育"却众说纷纭，没有一个清晰统一的界定。

在我看来，优质教育应该是真正以人为中心的教育，把人作为教育的唯一目的，为人的自发发展、自我实现奠基。优质教育还应该是尊重差异的教育，不用一把尺子衡量人，因材施教，让每个人都能发挥自己的潜能，成为更好的自己。优质教育当然还应当是科学的教育，能够综合运用教育学、认知科学、神经科学、网络信息科学等成果，科学施教，为每个人提供适切的、个性的、有效的教育，为人的发展提供最大可能的支持。

能够提供优质教育的学校，自然就是优质学校。优质学校应当有怎样的特征？

特征一，坚定的儿童立场。优质学校应当目中有人，具有鲜明的儿童立场，学校任何工作都基于儿童、为了儿童，从儿童的发展需要出发。"儿童立场"不是一句泛滥的口号，而是具有真正的儿童视角，尊重儿童，信任儿童，发现儿童，一切的教育设计都是为了儿童，而不是另具目的，将儿童当工具。"儿童立场"不是在抽象意义上看待儿童，而是如苏霍姆林斯基所说的那样"没有也不可能有抽象的学生"，真正看到学校这个教育场中的每个具体的孩子。

特征二，丰富的课程体系。优质学校必须让每个人获得充分的发展，这样的发展有赖于丰富的课程来支持。优质学校重视学校的课程建设，在落实国家课程的基础上，不断建构和完善与学校办学哲学相一致、课程内容丰富、课程形态完整多样的课程体系，所谓体系是课程之间应该具有内在逻辑关联，而不是孤立的、凌乱的、大杂烩式的拼盘课程，以此支持学生个性、多样、自主的发展。

特征三，浓厚的学术氛围。优质学校离不开优秀的教师团队，优质学校一定具有良好的教师专业发展促进机制，有浓厚的学术氛围。学校具有学习型组织的特征，教研科研制度健全，研究反思成为教师自然的职业习惯，教师乐于开放自己的课堂，乐于分享自己的教学经验，读书学习蔚然成风。在这样的氛围中，教师自然自信、从容、有尊严。学术氛围当然不限于教师，优质学校最好就是一个开放的大图书馆，一个有很多开放学习研究空间的地方，一个有很多研究型社团的地方，一个让学生对学术心生渴慕的地方。

特征四，舒适、友好的人文环境。优质学校必然是学校成员精神的栖息地，舒适、友好的人文环境理应是其显著的特征。校园空气清新怡人，环境创设安全、大方、典雅，空间布局动静分明，校园的每个地方都让人感觉舒适，每个人都能在校园中找到适合自己的地方：或运动、或独自沉思、或二三子读书交流，每个时刻你都能在校园中找到舒适的地方。

特征五，成全每个人。优质教育并不等同于能够培养一流人才的教育，更不是高升学率的教育，优质学校亦然。"适合的教育就是最好的教育"，学校教育无法脱离社会单独存在，学校教育不可避免地受到家庭、社会的影响和制约。优质学校能够发挥最大的可能，为学生提供对他们而言最适合的教育，能够让他们在这样的教育中得到更好的发展，它成全在这里的每个人——每个学生和教师。

特征六，永远都在成长之中。优质学校不会故步自封，不会因为眼前的成就而沾沾自喜，不会有所谓"名校"的傲气。优质学校是开放包容的，是一个能够自我进化的自组织，永远都走在成长的路上。

　　成为优质学校，校长是关键。校长要有对教育本质的深刻理解，要能够始终秉持教育理想和教育良知，要能够树立共同的学校愿景，要有较强的管理能力和较高的领导水平，才能够带领团队开拓创新，努力为学生提供优质教育。

　　成为优质学校，要有清晰的愿景和发展路径。始终清楚自己在哪里、要去哪里、如何去那里，优质学校能够看清自己：机遇和挑战，优势与劣势；优质学校有清晰的发展目标和学校愿景，领导者非常清楚要把学校带到哪里；优质学校知道自己该怎样到达目的地，组织变革，文化重建，教师发展，课程建设，课堂教学等等都有清楚的规划路径。

　　优质教育和优质学校是相对的、动态的概念。优质没有最好，只有更好，只有顺应历史发展，开阔视野，开放办学，不断超越，才是真正的优质。

有"德性"的学校

应北师大厦门海沧附属学校之邀,我参加了他们举办的"我心目中的好学校"论坛。论坛中一些老师用学校中群体的感受来回答"什么是好学校"这个问题,比如"学校中的教师和学生感到幸福就是好学校""上学像做客一样期待,放学像离家一样不舍是好学校",这样的回答很感性、很诗意,也揭示了"好学校"的某些特质。但这样的学校一定是好学校吗?我以为,这只是好学校的必要条件,却非充分条件。温水煮青蛙的过程中,青蛙也许也是幸福的,但结局却不太美妙。吸食鸦片者对鸦片也是充满期待的,离开鸦片也会依依难舍,但鸦片终究是有害的。从某种意义上说,精神麻醉和幸福在感官上可能甚难区分,纸醉金迷让人流连,却不是好东西。所以仅仅用简单的感受来描绘"好学校",可能会陷入肤浅或虚妄。

事实上,价值观不同,出发点不同,视角不同,对教育产出的需求不同,判断一所学校是"好"还是"不好"很可能会得出截然相反的结论。山东某学校是课堂教学改革的成功典范,中考曾经辉煌,有赴全国各地讲学的名师,更有蜂拥而至的学习参观者,这样的学校能说不是好学校吗?可是,也有人说,这个学校的课堂教学改革的成功是以牺牲学生大量课余时间为代价的,这个学校的学生除了教材,其他阅读甚少,这个学校的实验室明显看出很少使用,这个学校教师专业功底薄弱,课改后继乏力等等,这样的学校能说是好学校吗?河北某著名高中,高考录取率、重点大学录取率、名牌大学录取率年年夺魁,这样的学校难道还不是好学校?可是也有人说,这是一所高考制作加工厂,是中国应试教育下的怪兽，是反教育、反人性的学校。这样的学校能是好学校？

"好"还是"不好"，每个人心中都有自己的标准，似乎很难有统一的认识。所以，我更想探讨这样一个概念——有"德性"的学校。如果将"德性"作为"好学校"的前置条件，所谓的"好学校"可能更容易清晰起来。

什么是有"德性"的学校？

第一，有"德性"的学校一定是一所给人安全感的学校。

在这样的学校，你的人身安全有足够的保障，你不会受到无端的攻击，不会有来自任何方面的恐吓、威胁；你的精神是安全的，在学校里不会有恐惧，不会忧心忡忡，不用担心来自老师、同学的伤害。

给人安全感的学校一定是尊重每个生命个体的学校，能够看到个体的差异，尊重每个人成长不同的路径和方式，相信人生而平等，愿意静待花开。

给人安全感的学校，知道生命成长之路有沟壑，有荆棘，知道行走中有人会跌倒，有人甚至可能误入歧途，因此，他能够给人的错误以足够的包容，能够在你跌倒时挽你一把，能够一直牵引着你走向光明。在这样的安全环境中，生命才可能舒展，人性中的美好才可以全面绽放。

第二，有"德性"的学校一定是一所不媚俗的学校。

不媚俗，就是任何时候都有自己的原则，有底线。不被潮流裹挟，不为权势献媚。有人说学校是世俗界最后的净土，但如果学校媚俗了，这方净土也就没了。

民国时期，蒋介石上台后不久，表示要到安徽大学视察，并发表演讲，时任安徽大学校长刘文典断然拒绝，称："大学不是衙门。"蒋介石还是按原计划到该校，可进入校园后，到处冷冷清清，没有预想中的热闹欢迎场面，演讲也根本无从谈起。

1928年，安徽大学发生学潮，蒋介石找刘文典问话，要刘文典交出学潮中的共产党员名单。刘文典说："我不知道谁是共产党，你是总司令就应该带好你的兵，我是大学校长，学校的事我来管。"两人说着就起了冲突。事后刘文典被拘禁了一个月,被撤了安徽大学校长职务。

像刘文典这样的校长这个时代是不可能有了。时代不同,当然也没有必要如此剑拔弩张、针锋相对。学校的生存和发展,有时难免需要妥协,但一所学校必须珍视自己优良的传统,珍视具有文化价值的一草一木、一碑一石,不能因为献媚而轻易改变。总之,学校必须有自己的底线,有自己的坚持。这种底线和坚持,可以让我们看出一所学校有怎样的底气,有怎样的教育精神。

第三,有"德性"的学校一定是一所求实求真的学校。

求实求真不是把"诚信"挂墙上,不是校训中有"诚"就求真了,而是学校所作所为都是诚实的,是表里一致的,不虚假、不欺骗。最近,盛传的学校"阴阳课程表",就是一种赤裸裸的虚假、欺骗!事实上,我们现在的学校,虚假的又何止一份阴阳课程表!为了接受某种检查,我们可能会做假,甚至叫学生共同做假;为了一节公开课示范课,我们也可能将学生当演员来排练做假;为了某种功利的成果、政绩,我们也可能做假。有的学校推行某种课堂教学模式,不过区区半载,专著成果就炮制出来了,这样的成果不虚假吗?这些心安理得、林林总总的虚假学校里还少吗?我们一直痛恨、谴责我们这个社会太缺乏诚信,可是,我们不能不遗憾地看到,在许许多多的学校,我们的孩子一直在接受学校事务中种种虚假行为的熏染。

求真求实应该是以学校之名而称的地方应当尊重的共同底线。然而,这样一条底线在现实中几乎是最难做到的,我想,这也是现在真正的好学校越来越少的重要原因吧。

第四,有"德性"的学校一定是一所有责任感和使命感的学校。

学校教育的结果,关乎每个人的成长,关乎每个人的未来,同样也关乎族群、社会、国家乃至人类的发展和未来。学校的教育者如果能够意识到这种责任和使命,就会战战兢兢,就会知道我们的教育仅仅是"可能使未来更美好",而是否使未来一定美好,就取决于我们现在所做的工作。

有责任感和使命感的学校,才会有文化自觉,才会始终清楚教育的目的是什么，才会自觉地寻求教育的本真，才会清晰地描绘自己的办学理念和教育目标，才会用心去建设自己的教师队伍，才会精心地建构学校文化和课程，才会坚定地带领教师实践教育理想。这样的学校既不会故步自封，也不会随波逐流，而是在吐故纳新中，始终朝气蓬勃，朝着伟大的目标行走。

一所有"德性"的学校，不一定会有大师，不一定会有一群很牛的老师，但一定会有一群热爱人类和自然，热爱教育，热爱孩子，热爱学习，有情操，有情怀，能坚守的老师！有德性的学校，不一定会有恢弘的教学楼，有气派的图书馆、实验楼，但它有限的楼宇一定整洁、清新，处处可以感受到教育的气息，感受到润物细无声般的教育力量。

有"德性"的学校也许还算不上好学校。但一所学校缺少了这些"德性"，哪怕有再骄人的考试成绩，有名气再大的老师，有传播再广的名声，它也不可能是一所好学校。

李春芳校长印象

大丰小学地处台湾新北市新店区，建校120多年，是一所历史积淀深厚的优质学校。大丰小学是海沧延奎小学的姊妹学校，也是我们此行需考察学习的一所学校，校长李春芳是海沧教育的老朋友。

2014年，海沧区教育局组团赴台湾考察交流，期间走访了大丰小学，春芳校长接待了我们一行。印象中他是位精明强干的校长，很有亲和力，热情真诚，出口成章，文采飞扬。其后春芳校长几次率师生到厦门交流，在海沧又有过短暂谋面，但其来去匆匆，惜无深入交流的机会。虽然这样，但对春芳校长却仍有越来越熟悉的感觉。原因是，在春芳校长的倡导下，经海沧教育局时任局长陆晓红推动，海沧教育局与台湾大丰小学建立了稳定的深度交流关系，从2015年开始，海沧区教育局每年均派出10名左右的教师到大丰驻校交流，而春芳校长也在这个过程中，收获了不少海沧的粉丝，我的同事林虹、郑玫等人也是"李粉"，毫不掩饰她们的崇拜：春芳校长多才多艺，春芳校长能生活会工作，春芳校长阳光帅气，春芳校长是一个"暖男"……就这样，一个魅力四射的男神级校长在我心中的形象渐渐丰满起来。因此之故，虽然久未见面，这次在台湾见春芳校长，非但没有一点陌生感，反而有一种老友重逢的喜悦。

2018年12月23日，我们一早就来到大丰小学，春芳校长携学校家委会、校友会的两位会长在校门口迎候我们。座谈交流时，校长请两位会长先致欢迎辞，这一场景感觉很熟悉也很温馨。记得2014年我们到大丰时，家委会的新老会长也都到场全程陪同接待，看得出来，家委会会长完全将自己视为大丰人，没有一点疏离感。两次按待大陆客人，家委会会长都参与陪同接待，绝非巧合。事实上，到大丰驻校交流的老师回到厦门后都会谈到，大丰的家委会、家长志愿者太给力了，学校所有的大型体艺、节庆、主题教育等活动都有他们的身影，家委会和家长志愿者几乎能顶起学校半边天。这与春芳校长始终把家长志愿者、家委会成员视为最好的教育伙伴有关，校长尊重、信赖家委会成员、志愿者，真诚相待，建立了兄弟般的感情，加上目标一致，都是为了给孩子营造更好的发展环境，家委会成员、家长志愿者自然也把自己当成学校的一员，支持配合校务工作。

在大丰小学，春芳校长安排了两位主任重点介绍了学校的国际课程建设和学生阅读推广，给我们很多启发，令我们受益匪浅。正式交流后，春芳校长亲自带我们参观校园。因为海沧驻大丰学习的老师都住在春芳校长的校长公寓，他特别带领我们参观了公寓。公寓共有两层，五个房间，一个厨房，一个客厅，春芳校长给我们一一介绍海沧驻校学习的老师都住在哪个房间，这么多个批次的老师，这些细节竟然能够记得这般清晰，如此用心，不能不让人感动！

春芳校长是一个葆有本色的人，坚持本心，待人坦率真诚。22日晚，我们在一起餐叙。席间林文生校长说起他与林哲仲老师的默契，现场有老师说："林哲仲老师能遇到您这样的校长太幸运了。"林文生校长尚未接话，李春芳校长就立马回应说："不对，能遇到这样的老师是校长的幸运。"近乎本能的反应，可以感觉出在春芳校长心中优秀教师的分量。爱护用心工作的每位教职人员，但对不称职的教师也绝不姑息迁就。我们还听说春芳校长为了让一位不称职的教师离开教学岗位，启动了教评程序，结果这位教师纠缠着和春芳校长打了八年的官司才尘埃落定。在国人看来，打破人家饭碗是大忌讳的事情，几乎没人愿意做这种事。我们一行有老师问："解除教师的公职太不容易了，太得罪人，而且对方肯定会纠缠不清，跟在后面太累人了，没几个校长会做这种事，您为什么要这么坚持？"春芳校长很干脆地回答："这个老师继续任教就是在祸害孩子，而且还听不进教评的意见，不思改变，虽不忍，也只能请他走人！"其风骨本色可见一斑。

  春芳校长是一个很有智慧的人，成立校长读书会，带动几个文教区校长共同成长；成立校长萨克斯乐团，经常组织大家活动，丰富了校长的精神生活；重视艺术教育，亲自带孩子去境外参加艺术比赛、交流等活动；支持设立国际文教中心，举办国际文物展，服务外省人与其子女。在我看来，都有"四两拨千斤"之效。实际上，海沧教师驻大丰学习，海沧是最大的受益方，拓宽了教师视野，透过大丰这扇窗看到台湾教育不一样的理念和风景。对大丰而言，何尝不是春芳校长借力打力之举，开放自己的课堂，与大陆教师共同备课、同上一节课、研讨等，借此撬动大丰原有的教师文化，形成更好的学习生态。助人者实际亦在助自己，非大智慧者不会也不知道做这样吃力的事情。

  春芳校长在其文章中坦露心迹，当校长并非初衷，但"回望过去 25 年的服务经历与所得成就，我明白了，当老师固然可以实现自我，成就学生，当了校长更可以将老师的志业扩而大之，完成更多的教育使命，成就更多的学生"。我想，优秀的校长大概都是这样有使命感的人吧。

林文生校长印象

台湾新北市秀朗小学地处人口稠密的永和区,是新北市学生数位居第二的学校,高峰期历史上曾达到 224 个班级,12000 多名学生。随着台湾少子化影响日深,适龄入学人口骤减,学校规模逐渐缩小,目前共有 119 个班级,在校学生近 3500 人。秀朗小学是我们此次赴台交流学习的主要学校。

秀朗小学掌门人林文生校长是这次新北市学习共同体国际研讨会的主要策划者和主持人,也是我们赴台参加研讨活动的牵线人。林文生校长醉心于推动学习共同体,在新北市及台湾其他市县指导近百所学校开展基于学习共同体的课堂教学改革实践。他本人不但是学习共同体的专家,而且 20 多年来扎根课堂,专心致力于研究学习策略,根据国际前沿的学习理论,开发出了一套能够真正运用于教学的系统学习工具,是名副其实的课程教学专家。

因为长期指导各类学校实施学习共同体课堂教学实践,亲自指导教师备课上课,林文生校长拥有大量的追随者和粉丝。林文生校长执掌秀朗小学不到两年时间,学校已全面推行学习共同体课堂教学改革,这在教师有较大专业自主权的台湾颇为不易,足见其号召力。秀朗小学的研讨活动同时开设了 8 节公开课及课后交流研讨,8 个研讨会场的主持人都是来自新北市其他学校的正职校长,这些校长都是林文生校长指导推广学习共同体的核心成员,林文生校长身边这样的核心成员有 20 多人。林文生校长告诉我们,正因为有这群志同道合的伙伴支持,而不是单打独斗,才能影响和指导那么多学校走进学习共同体。

林文生校长的魅力来自他的专业精神和专业水平。这次新北市学习共同体研讨会共推出了两所学校的 14 节示范课，涉及中小学的多个学科，林文生校长几乎参与了所有公开示范课的备课指导，对每名开课教师的教学情况都了如指掌，介绍起来如数家珍，以至于漳和中学几个老师在说课中都谈到"公开课前连续几晚都梦到和林文生校长一起备课"。林校长则打趣道："难怪这几天我觉得这么累，原来晚上也跑去指导你们了。"

2018 年 12 月 22 日，林文生校长给我们一行"开小灶"，亲自为我们赴台的 24 名教师主持召开研讨会，交流两天来的学习感悟和心得。他逐一点评每个人的发言，为大家释疑解惑，循循善诱，帮助大家透过课堂现象看到背后反映的教育本质，专业水平之高令人叹服。我把林文生校长的这种专业称之为"实践的教育学"，这种教育学不同于书斋中的学问，而是深厚的学术功底与丰富的实践经验结合的产物，是他 20 多年来不断汲取国际上最前沿的认知科学理论营养并始终扎根课堂，研究学教翻转策略而催生出的实践智慧。与很多著作等身的专家不同，当我们老师问及林文生校长有没有他本人的专著推荐我们学习时，他坦言，他现在既没时间去整理自己的研究成果，也没有考虑出书，他希望把有限的时间用在推广学习共同体上，用在指导一线教师改进教学上，用在丰富和检验自己的成果上，待退休后他会整理自己这么多年来的学术论文，结集成书。林文生校长说他有个心愿："我们这几代人都是在传统教学模式下成长起来的，心智模式都有缺陷，现有的教学模式到了非改不可的时候，希望能够影响和改变越来越多的教师，让教师成为彻底的学习者，有能力帮助孩子掌握更好的学习和思维工具，能够更好地适应未来世界。"

林文生校长还是一位生态迷，到秀朗小学前执掌的秀山小学在他的经营下成为新北市有名的"萤火虫学校"，他也成为小有名气的萤火虫专家。而现在的秀朗小学几乎已经可以称为"蝴蝶学校"了，林文生校长带着我们参观学校，边走边介绍校园里种类繁多的植物，带着我们寻找蝴蝶的幼虫、蛹，给我们介绍蝴蝶的食草、蜜源，讲解蝴蝶的生命历程——卵、幼虫、蛹、化蝶。听他娓娓道来，你会觉得身边的是一位生物学家。因为学校生态环境良好，形成了自然的生态链，竟然引来一对稀有的黑冠麻鹭，在学校的小树林里筑巢、抱窝、产卵。我们很幸运地见到了其中一只雌鸟。黑冠麻鹭原本性情羞怯，一般都在夜晚出来觅食、活动，可这只黑冠麻鹭竟对我们一行人在边上指指点点毫不在意，安之若素，优雅地站在草地上任我们观赏。可以想见，平时孩子们在这个空间里一定是很友善、很安静的，没有惊扰到鸟儿，才给了它们这样稳定的安全感。林文生校长认为，学校的自然生态环境是最好的生命教育资源。他对大陆很多学校过度重视校园景观的视觉观赏效果，而忽视了对环境深层次教育功能的营造颇有微词。这般痴迷生态，对校园一草一木的种属及其在生态环境中的作用这般熟悉的校长真不多见！

　　热爱教育，热爱课堂，酷爱学习，智慧如海，充满了对教育的使命感，低调谦逊却又对自己充满专业自信，是林文生校长给我留下的深刻印象。

聆听佐藤学

参加台湾新北市学习共同体国际研讨活动，我有幸聆听了佐藤学"创造对话式深度学习"的主题报告，对学习共同体有了更进一步的认识。

2018年12月20日，我们一早就从酒店出发到新北市漳和中学参加研讨活动，令人感动的是，到达学校时，佐藤学竟然与为我们此行牵线搭桥的林文生校长一起前来迎候，佐藤学满头白发，穿着略显随意，就是一个朴素无华的老人，温煦和蔼让人如沐春风，顿生亲近感。

20日下午是佐藤学的专场报告，会场座无虚席。佐藤学走上台时，会场掌声雷动，连续七年在同一时间到新北市指导学习共同体，可以感受到在场众人对佐藤学的敬爱，这种情绪也深深感染了我们。

讲台上的佐藤学精神饱满，神采飞扬，充满激情，3个多小时的演讲站着讲下来，中间没有休息，让人看不出这是一位67岁的老人。演讲从上午的公开课点评开始，佐藤学在多媒体上展示了很多课堂上的场景，他对课堂太敏感了，总能捕捉到课堂上最动人的画面，点评虽然只是蜻蜓点水，但听得出来，他最关注的是学生在课堂中的学习和生命状态。后面的演讲，佐藤学介绍了学习共同体在全球各国的进展情况，分析了当代教育的困境，回答了学习共同体在实践中遇到的困难和问题。演讲过程中，台下不时响起会心的笑声，显然，演讲者和听众在精神上一直有着良好的互动沟通。佐藤学的教育学是"行动中的教育学"，是他历经失败、反思、改进、成功的教育学；是他30多年来在东亚各国深入上千所学校、研究上万节课形成的理论和实践智慧，所以他能够敏锐地觉察到教师实践中遇到的困难,能够有针对性地开出"处方",真实地触动到一线的教育者,这正是佐藤学的演讲能够与听众建立良好精神联结的基础。

佐藤学坦言,他最初指导学校开展课堂教学改革时,经历了很多的失败,基本上前十年指导的学校都以失败告终。这些失败也让他深感学校改革的不易,因为教师是顽固的、校长是顽固的、行政政策也是顽固的。佐藤学的可贵之处是这些失败并没有让他退却,没有动摇他改革课堂的信念,反而驱使他更加深入课堂,研究真实的学习是如何发生的,从而获得实践的智慧。而后,他指导成功的学校越来越多,挽救了许多濒临崩溃的学校,让这些学校的孩子回到了课堂,实现了高水平的学习和发展,这些学校也成为学习共同体的领航学校。在领航学校成功事例的感召下,现在日本乃至东亚其他各国和地区,已经有越来越多的学校走进了学习共同体。

佐藤学的讲座既有宏观引领,也有中微观的指导。他在讲座中澄清了小组学习、合作学习、协同学习(学习共同体)三者的区别。这三者在实践中的确极易混乱,依我的观察,很多学校在实施学习共同体改革时,并未认真厘清概念,名义上是学习共同体,但采用的却是传统小组学习的策略和经验做法,实践效果必然大打折扣，这是一个必须引起高度警觉的问题。佐藤学详细分析了"学习共同体课堂的特征"：人人皆为学习的主体＝个人作业的协同化＋协同式的探究＋关照共同体；共有的学习与伸展跳跃的学习；小学低年级＝两人学习＋全体互动；男女混合四人，以探究为中心的学习；透过真正的学习创造高品质的课堂。讲到学习共同体分组问题时，他强调两人小组只适合低年级，这个阶段着重在养成倾听、表达、反刍的习惯。到了中高年级就不宜两人一组，两人小组交流的深度不够，彼此的支持不够，探究难以发生。四人小组是最有效益的，五人小组也要尽量避免，每个人都要参与到对话很困难，五个人中很容易就会有一人变成客人，只有赞同或反对，而不会有反刍的机会。这段讲话，回答了我当天上午听课中遇到的两人小组协同学习事实上基本没有发生的问题。

佐藤学反复强调"跳跃的学习"的效用，他认为越是低成就的学生，会越专注于"跳跃的学习"；要提升学业成绩，特别是克服低成就，没有任何方法比"跳跃的学习"更为有效；透过"跳跃的学习"，才能发挥学习中探究、协同的真正价值，实现真正的学习；设计"跳跃的学习"的课题，是提升教师专业最有效的方法之一。他指出，协同学习不是分享知道的东西，而是探究不知道的东西，只有相互的表达而没有思考是没有发生学习的。我理解，佐藤学这是在担心实践者对学习共同体的实施只关注课堂表面的形式，以为相互的表达、倾听就是学习共同体的本质，而忽视了如何真正引发深度的学习。佐藤学此番论述，针对实践中的误区，对如何运用学习共同体课堂的策略，实现高质量的学习，而不是停留在表面的分享、表达、倾听，无疑具有极为重要的现实意义。

佐藤学提出了"学习基础与学习品质的方程式"，学习的基础 $F=f(P.R.E)$，P 是场域，R 是关系，E 是环境，这三者的协调构成学习的基础。学习的品质 $Q=f(L.A.J)$，L 是互相倾听的关系，A 是真正的学习，J 是伸展跳跃的学习课程，三者的协同保证了学生能够形成良好的学习品质。佐藤学强调一定要给学生创造安静、安宁的学习环境，其中的关键是教师要少说话，他说"不好的教师只有嘴在工作"，批评了只有中国等少数几个国家的课堂有教师用麦克风上课，一定要从使用麦克风转向教师实音的教学，教师声音小下来、和缓下来，课堂才能安静下来。佐藤学的批评的确值得我们反思和改进。

聆听佐藤学，真切感受到一个行动中的教育家的魅力，令人受益匪浅。遗憾的是，同声翻译速度有点快，翻译的声音和佐藤学的声音经常有重叠之处，能够记录下来的十不存一，演讲内容十分丰富，能够回忆起来的也寥寥无几，只能期待再次聆听。

学习共同体课堂的风景

——听林婉仪老师讲课有感

2018年12月20日,有幸在台湾新北市漳和中学听了林婉仪老师执教的一节八年级数学课——《配方法与公式解》(第二课时),对学习共同体的教学理念和实践操作都有了更深的认识,受益良多,浅析如下:

看得出来,林老师是一位优秀的数学教师,课堂教学如行云流水般流畅自然,课堂组织收放自如,教学语言简洁凝练,教师的出现和隐退时机把握得十分合理,师生互动交流默契和谐。我想林老师在让孩子学会轻声表达、互相倾听和及时回应上一定下了很多功夫,这是学习共同体课堂的基础。

这是一节安静的课。上课铃声一响,学生就迅速安静下来,整堂课学生始终保持安静地审题、完成练习、阅读教材、思考,控制着合适的音量展开讨论,小组中一个人发言时,其他人安静地倾听。任何一个时刻课堂都不嘈杂,给人一种很安全、很宁静、很舒适的感觉。我相信只有在这样安静的课堂里,学生才可能真正沉浸于学习中,才会开放心灵去感受环境的温暖,才会打开思维生成智慧。这样从头到尾的安静让人感动。

这是一节高参与的课堂,没有观察到有学生游离于课堂之外。我观察的两个学生,一位成绩应该在中等水平(下称A生),另一位应属于学习有相当困难的(下称B生),但整节课下来,两位学生都能按教师要求认真去完成相应环节的任务,虽然经常遇到困难,虽然无法高质量地完成学习,但他们始终没有放弃,始终都在努力。可以想见,这节课,人人都参与到教学活动中了,哪怕是学习有困难的学生也不例外。真正参与了教学活动就必然有收获,这样的高度参与让人感动。

这是一节有温度的课堂，观察的两位学生虽然没能很好地完成合作，但能够感受得到，他们的关系是和谐的，交流轻声细语，A生几次试图帮助B生，但可能自己也不是很有把握，所以总是半途而止。即便如此，两位学生之间的温情还是令人动容。我以为，学生个体的生命在学习共同体的合作伙伴关系中的的确确发生了联结，人在这样的场域中能够自然变得柔软起来。教师也同样如此，一开始可能因为略有紧张，林老师的表情还是有点凝重的，但随着教学的深入，她的面部表情逐渐舒展开来，不时会给学生一个会心的微笑，语言也越来越柔软，我相信这是林老师课堂的常态。

这节课还有一个细节值得一提：学生阅读例3后，林老师让学生合上课本，并提问"例题3的题目是什么？"这是提高学生记忆能力的教学策略，也是培养学生学习专注力的策略，我们几乎都有过这样的体验，心不在焉时看到或读到的东西在大脑中往往留不下丁点痕迹。让我没想到的是，林老师把问题抛给了我观察的两位学生，A生一下就有点懵了，B生也只有不确定的记忆。而A生恰恰是一个聪明但学习品质不是很好的学生，A生看例3时基本上就是看个大概，看完后他就去做课本中的两道练习题，两道习题解答过程都不对，原因是他根本就没有认真阅读例3，一知半解。而B生也明显存在学习缺陷，同时缺乏自信。林老师太了解自己的学生了，提问这两个学生显然是有意为之。这个问题提问的时机和提问的对象都可说是神来之笔。我相信这就是一种成全，一种无声的帮助和鞭策。

还有一个细节也不能不提，教师最后让学生归纳配方法的步骤时，B生居然主动举手了，让人惊讶。一个学习有困难的学生在一个公开课的活动中居然勇敢地举手了！不能不让人惊叹，学生在学习共同体的课堂上，生命状态的确是不一样的：有安全感、有尊严。这个行为在普通的课堂很难发生，我为这个举手感动。

感谢林婉仪老师和孩子们给我们奉献了一节精彩的学习共同体课，让我对学习共同体更有信心，也更加期待。

按照佐藤学先生倡导的学习共同体课评价原则，写到这里我该踩刹车了。但是，我的确还是有些意犹未尽，还是想多写两句：

从我观察的两个学生的学习过程看，我对他们，尤其是 A 生不能不感到有很多遗憾，两位学生的学习都没有很好地发生，A 生的学业基础、思考力其实都不差，但学习专注度不够，阅读习惯不好，浮光掠影，不求甚解，若有恰当的帮助，相信他能成为一个好学生。

配方法的得出，从教学设计看，教师原本是希望学生在遇到因式分解法无法解题时能够想到并探索这一方法，但实际教学时发现学生没有能力爬上这个台阶，于是调整了教学策略，在学生思维尚未充分展开时，就直接让学生阅读并寻找解题方法。这样处理，事实上，学生失去了探究的机会，充其量只是一种模仿、理解的学习，这样的学习很难形成高阶的思维能力。学生为何无法探究？即使在学习共同体的课堂上，我相信教师的引导至关重要，若设计必要的支架，靠近学生最近发展区，探究学习不难发生。

学习共同体课堂的最大特点就是协同学习、合作共赢，但整节课下来，A、B 生的合作也几乎没有发生，B 生没有得到对方的有效帮助，双方只有互相地表达和倾听，却没有实质的交流，更没有共同的探究发生，这不能不让人遗憾，问题可能出在 2 人小组上，2 人小组双方差距悬殊时，有的可能只是单向的帮助，真正的协同学习不太可能产生。若有 3 到 4 人组成小组，小组成员之间有一定的性格互补性，学业基础有梯度差异，伙伴关系可能更容易形成，这种局面也许能够改变。

下篇

行：追寻『因我而改变』的价值

◎做教育需要能够耐得住寂寞，如此，才能够做真研究、写真文章；做教育需要淡泊名利，如此，才能真正潜心、用心、悉心做教育！

◎我们也许无法改变什么，但我期许，我们就是这样的一群人：为了教育，我们愿做嫁衣，成就别人；为了教育，我们愿意呐喊，哪怕被视为可恶的夜枭；为了教育，我们愿意高擎着心燃烧，哪怕那丝光是那样微弱。

◎而我更希望能把自己对相聚之缘的喜悦和敬畏传递给大家，让我们能够给每个人的成长以包容和等待，能够为每个人的成功而鼓掌和喜悦，能够为团队的点滴进步而欢欣鼓舞。

◎我庆幸，我们的很多伙伴依然有目标、有梦想、有期待，我们期待海沧的教育因为我们的工作而改变。当然，这个改变的前提是我们自己也愿意而且正在发生改变。只有我们变得更加强大，我们期待的所有可能才会成为现实。

◎"海沧教育因我而改变"是我们共同的目标，也是教师进修学校存在的价值所在。

甘守寂寞，潜心教育

伙伴们：

今年暑假，我曾经作为专家评委参加"某某教师"的评选，期间和某专家有一个争论。该专家认为，甲、乙两个候选人，甲五年中发表了三篇 CN 论文，乙则在最近一年中就发表了三篇 CN 论文，乙的水平要比甲的水平高。我反问道："如果五年发表一篇论文，乃坐冷板凳研究之真体会、真成果，较之一年发表三篇言之无物的文字垃圾孰高孰低？"（当时我心里还有一句话没问出来："如果只是比产量，让计算机来计算好了，何须所谓'专家'？"）曹雪芹终其一生只有一部尚未完成的《红楼梦》，但迄今为止，在中国小说史上，仍无人能出其右！"数量"与"质量"是完全不能代替的两个概念，有"数"无"质"不过就是一堆毫无意义的"数字"而已。

不久前，一个很优秀的年段长很悲壮地对我说："孙老师，我'下水'了！"我很诧异。他接着解释道："我历来反感拿钱来发表论文，觉得这是挑战教师尊严的底线，可是这个暑假我掏钱发表了两篇 CN 论文。"

前几天，一个老乡告诉我，他购买了某区的房子。之前，他的孩子参加了某校的入学考试，成绩不理想。最后学校告之，只有孩子户口落到这了，才能招收他。我感到悲哀，如果学校只招收成绩好的学生，教育的责任和良知在哪里？

几件事似乎毫无关联，却一直在我的内心纠结着，让我夜不能寐。我不禁感叹：中国当下的教育到底怎么了？曾经有媒体朋友问我对当下教育的看法，许是"爱之深，责之切"吧，我头脑里竟然同时浮现了三个词——"功利""俗气""浮躁",所以我选择了沉默。

回想读初中时,有一次评选特级教师,我们学校的李文定老师获评。我不知道李老师是否有著述发表,但这一点都不影响他在我心目中的地位。至今我仍然清晰记着,自己每次上完历史课就开始期待下节课的那种迫切心情。令我记忆最深的是李老师在课外开设的爱国主义系列讲座,没有豪言壮语,没有说教,只有生动的史实和他讲述时能够让我们感同身受的强烈情感。我们和他一起为中华民族曾经的辉煌灿烂而自豪,一起为国家民族曾经的深重灾难而悲怆流泪。虽然读的是理科,但我至今仍喜欢历史;虽然对现实有诸多不解,但仍是个坚定的爱国者,不能不说是受到李老师的影响。

20多年前,没有名目繁多的各种名师;20多年前,没有精确到零点几的量化评估标准。然而,那个时代产生的特级教师们,他们的人格魅力,他们的学识素养,他们的教学艺术,都能让学生和同行无比折服。如今,一茬茬的名师被"制造"出来,越来越多的名师在精确的评分中产生,然而,真正成为学生的榜样,成为同行的标杆的能有几人?

伴随着"要让教育家来办学"的呼声,全国各地掀起了一股股"制造"教育家的热潮。时代呼唤教育家,但历史一定会证明教育家无法被制造出来。20世纪上半叶,中华民族饱受内忧外患之苦、灾难深重,政治统治腐朽黑暗,却产生了蔡元培、张伯苓、陶行知、晏阳初、叶圣陶等公认的大教育家,他们的教育家称号不是谁封的,他们也从未自诩为"家",而是历史给了他们教育家的称号和荣耀。再想想苏霍姆林斯基,在远离城市的帕夫雷什中学穷毕生之力研究教育。那时,在他的生命中只有他的学生和老师们,在他的视野中只有那一个个鲜活的生命。那时,他何曾想过自己会成为举世闻名的大教育家。探寻这些前辈教育家的成家之路,我们不难发现,"成家"只是他们追求理想过程中的副产品,是水到渠成、实至名归的。

而今,当我们希冀如同大炼钢铁一样"锻造"大批的教育家时,我们"制造"的一大批候选教育家——名目繁多的名师们,他们中有多少人能成为当代的教育家？南京师范大学附中的吴非老师在一次沙龙活动中断言："中国当代是产生不了教育家的。"这也许是太悲观了。但我以为，当社会误把"制造"教育家当成了教育的追求时，真正的教育家的确可能离我们越来越遥远。教育追求的关注点永远只能有一个：学生！当我们把眼光定格于教育本身，当我们把眼光定格于学生，定格于我们的培养对象20年、30年后是一个怎样的人，当我们真正沉下心做教育的时候，教育家自然能应运而生。

然而，现实却是如此让人困惑，几乎所有"名师"产生的量化评估指标，都与真正的教育教学关系甚微。如某地评选特级教师的量化标准：1篇CN论文计2分，累计可加至15分；1个市级表彰加2分，累计可加至……不可否认，每次名师的"制造"，从中总有真正的名师产生。但量化最大的问题是教师的思想品德、学生是否喜欢、是否成为同行的表率等最重要的东西都无从评价，这是个重大的导向问题。貌似公平的简单量化导致课题研究、论文、高考成绩、各种表彰都可能蜕变成获取名利的工具。在这种扭曲的价值观面前，"为了改善教育而研究""一切为了学生"是否最终都将成为神话？但愿我的忧虑纯属杞人忧天。但我还是希望，我们每个从事教育的人，午夜梦回，能够扪心自问，我所做的一切都是为了纯净无比的教育吗？教育需要名师，我们热切期待更多的名师在中国大地上产生，但如果名师的评价和产生机制催生了一批伪名师，那是很可怕的。

教育需要责任和理想，有了责任和理想，才不会急功近利。做教育需要有良知，有了良知，才能始终秉持有教无类的真义；做教育需要能够耐得住寂寞，如此，才能够做真研究、写真文章；做教育需要淡泊名利，如此，才能真正潜心、用心、悉心做教育！

教育需要远离功利和浮躁。在这样一个喧嚣的时代，教育尤其需要一批不追名逐利的人，尤其需要一批能够冷静思考甚至批判的人，尤其需要一批有为教育殉道情怀的人！我们也许无法改变什么，但我期许，我们就是这样的一群人：为了教育，我们愿做嫁衣，成就别人；为了教育，我们愿意呐喊，哪怕被视为可恶的夜枭;为了教育,我们愿意高擎着心燃烧,哪怕那丝光是那样微弱。

在教育的路上,有你们同行,让我倍感温暖,衷心感谢你们。同时也衷心期待和祝愿你们真正成名成家,我愿意为你们成名成家铺路搭桥;更衷心祝愿在你们的带领下,你们的学科能够成长出一位又一位的名师,你们应成为他们成功之路的奠基石。但我也希望,我们所有的教育人追求卓越,追求的是人格的健全,是思想的纯粹,是精神的高尚,是事业的完满,是教育人生的无怨无悔!成名成家不是我们的目标追求,而是我们潜心教育自然得到的桂冠,它矗立在同行和学生的心头。让我们坚定不移地拥抱我们的教育理想、责任和良知吧!

2009 年

为了我们共同的名字

伙伴们：

　　转眼海沧区教师进修学校就将迎来建校两周年纪念日，日子匆匆而过，回首过去，有感激，有喜悦，亦有抹不去的遗憾。

　　海沧区教师进修学校还只是个两周岁的孩子，从一朝分娩到蹒跚学步，凝聚了来自各方的支持和厚爱，区委教育工委郑岳林书记，卫委林佳添常委，区政府白国华副区长，区教育局吴伟平局长、梁娟副书记、陈耀辉副局长、徐剑波科长等许多领导都给予了我们无微不至的关怀。我们的每一步成长，都离不开他们的搀扶和鼓励，我怎能不心怀感激！而对于我们服务的基层学校，我们虽热情但经验不足，难免有时手足无措，一线学校的领导和老师对此都给予了包容和理解，让我们能够更加从容成长，我又怎能不心怀感激！而我更感激携手共成长的你们，感激你们给予我的每一份理解、每一份包容、每一份支持，感激你们在我感觉无助时给予我的信念和力量，感激你们在岗位上的默默付出和坚守，感激你们不用扬鞭自奋蹄的坚持和努力，感激你们卓有成效的工作为学校增添了荣光。

　　和大家一起为共同的理想和信念而努力，是一种缘分。我常想，大千世界，芸芸众生，来自天南地北的我们为什么能够走到一起？这看似的偶然中，是不是隐含着千年的等待和承诺？这是多么动人而奇妙的偶然啊！我无比珍惜这种缘分，为这种缘分而常怀喜悦和敬畏。也因为这种缘分，我愿意去包容每个人的缺点和短处，愿意和大家真诚地交流和提出善意的批评，愿意和每个人一起承担责任和失误，愿意和每个人分享思想和快乐。我更希望能把自己对相聚之缘的喜悦和敬畏传递给大家，让我们能够给每个人的成长以包容和等待，能够为每个人的成功而鼓掌和喜悦，能够为团队的点滴进步而欢欣鼓舞。

两年弹指一挥间，两年在历史的长河中甚至激不起一朵浪花。然而，两年，对海沧区教师进修学校这个成长中的婴儿来说，却是如此重要，来不得半点漫不经心。因为也许就是这两年，孕育了我们文化的胚芽，形成了我们的价值理念，铸就了我们品格的雏形，而这无疑对我们将如何发展，发展到什么样的高度，有着不容忽视的深远影响。教育需要激情，但教育更需要理性的求索，因此，我们如履薄冰，慎之又慎。我不断地告诫自己不要急躁，不要好高骛远，不要急功近利！两年一晃过去了，我又不能不深深遗憾，遗憾于光阴的易逝，遗憾于自己的才疏学浅，遗憾于自己的碌碌无为。

服务品质是教师进修学校的生命线，而创新是提高服务水平的关键，我们每个人的专业水准和服务意识是提高服务质量的基础。海沧区教师进修学校即将步入第三个年头，经过两年的磨合，经过两年的吸纳和思考，我们不能再是婴儿，而要迅速成长为八九点钟的太阳，我们将充满朝气，我们将意气风发，我们热情却不失成熟，我们充满力量却不失含蓄稳重。这将是最关键的一年，文化凝练、发展规划、制度建设、信息技术平台打造、办学条件改善、个人的自我成长等等，诸多事关学校长远发展的大事，一起摆在我们面前，需要我们有勇气面对，用智慧破题。

海沧区教师进修学校这个牌子来之不易，它凝聚了区委、区政府领导对教育的深切关怀，凝聚了区教育局领导对我们的信任和寄予的热切期待。它更是海沧教育发展中的一次历史选择和深情呼唤。海沧区教师进修学校是我们共同的家，是我们共同的名字，这个名字意味着期待，意味着责任，有时还意味着寂寞，意味着只能做幕后英雄……但不管怎样，我期望并坚信，海沧的教师将因为有了这个名字而感觉更加温暖、更加有力量。海沧教育将因为有了这个名字而增添更多精彩。我也坚信，我们，我的同事们，我们一定会为共同拥有的这个名字而骄傲!

  让我们共同坚守这个家,共同为海沧教育的今天和明天而期待、坚持、守望!

2010 年

愿我们的工作更加幸福和有价值

伙伴们：

不经意间，岁月又在我们生命中添上一圈年轮，海沧区教师进修学校三周岁了。

昨天，凌晨三点醒来，回首过去一年，我突然感觉自己就像沙滩上一个专心致志玩沙子的孩子，一次一次用手捧起一把沙子，想要用力将它攥在掌心，可是等到摊开手掌，才发现沙子已经流光……用尽气力，却总是无法达成目标，但时不我待，于是困惑、惶恐。

也许，我天生就是一个对未来怀着深切期待而又对过程充满不安的人，内心总是不断地被怀疑、恐惧侵袭。日子悄然而逝，可是对我所安身立命的海沧教育这个家园，我贡献了什么？对海沧区教师进修学校这个团队的成长，我做了什么？对朝夕相处的伙伴的专业成长和工作幸福，我给予了什么支持？我无法确知，这让我内心倍受煎熬。

我深信，一个团队的成功依靠的是群体的智慧和力量，但一个团队的失败，却只能归之于团队首领的无能。我相信自己尚算努力，但对于是否有能力带领这个团队走向优秀，是否有能力让"海沧区教师进修学校"这个我们共同的名字熠熠生辉，除了美好的愿望，竟然前所未有地缺乏信心。

其实，仔细盘点，收获也不是没有：我们的伙伴有了成长，对教育有了更加理性的思考，工作水平有所提高，许多伙伴正成长为市级学科带头人、专家型教师培养对象；我们的教研活动不再只是简单的公开课，其形式更加开放多元,更加勇于直面问题,更加着力于解决问题,无论是在技术上,还是在内涵上,都有了一定的提升;我们的教育科研有了创新,首批微型课题让更多的教师参与到真实的科研之中,我们倡导的做"真实、有效、有用"的教育科研,露出了一线曙光;我们的教师培训,从完全依靠高校走向了自我策划、自我设计、自我组织,培训目标更加清晰,项目更加丰富,课程更加精细,培训更加贴近教育教学和教师专业成长的需要;我们的硬件建设正全面展开,学校门户网站终于开通,信息发布功能基本已经成熟,网上研训交互平台的建设正在谋划之中。办学条件也即将有极大的改善,学校分校区的问题解决之后,各种功能教室的建设随后就要跟进,成为省示范性进修学校不再是可望而不可即的梦想。

这些改变是实在的,也是重要的,同样值得我们欢欣鼓舞。然而,我所关注的更是我们每个人内心和行动的变化。我们是否更加愿意理解和包容伙伴?是否更加愿意为伙伴的成长而欢呼?是否更加乐于学习和思考?是否更加渴望改变教育的现状?是否更加期待拥有改变现状的力量?是否更加愿意用行动来表达?当这些变化真正发生时,我们才真正获得成长;当这些变化真正发生时,所有的困难都不过是对我们成长的考验。

有人说:"在一些地方,进了进修学校,就像进了养老院,几乎个个都是来养生的,对于工作,打打太极应付就行了。"之所以给人这样的印象,一方面,因为很多地方的教师进修学校对区域教育发展所起的作用甚微;另一方面,进修学校可能的确存在一些这样抱着"养生"打算的人。我很庆幸,海沧区教师进修学校还没沦落到"养老院"的地步,海沧进修校人也依然有朝气,依然在努力工作,否则,我会为了在"养老院"耗费空气而感到羞耻。我庆幸,我们的很多伙伴依然有目标、有梦想、有期待,我们期待海沧的教育因为我们的工作而改变。当然,这个改变的前提是我们自己也愿意而且正在发生改变。只有我们变得更加强大,我们期待的所有可能才会成为现实。

我知道自己缺少点石成金的能力和智慧,缺少登高振臂一呼百应的号召力，缺少左右逢源的协调能力，更缺少指点江山、挥斥方遒的万丈豪情。我唯有真诚，真诚地热爱这方水土，真诚地竭心尽力工作，真诚地和伙伴们共同成长，真诚地与团队荣辱与共。

只要我们携手努力，我们的工作就一定会更加幸福而有价值。

2011 年

回看是为了更好地前行

伙伴们：

感谢大家和我同行在探索的路上，感谢大家对我的支持和厚爱。

感谢大家的坚守和辛勤的付出，感谢大家用行动、用业绩证明了我们这个团队存在的价值。

时间匆匆而过，转眼又迎来了我们的生日。时间的脚步催逼着我们，让我们觉得急迫，觉得惶恐。日子无声流过，我们的期待却似乎总是那样遥不可及。驻足回首，我们从那蜿蜒的足迹中分明看到虽然时有迷茫，却依然坚定行走在通往目标道路上的身影。于是，顿觉欣然。尽管岁月无情，时不我待，尽管困难重重，前路茫茫，但我们从未有过懈怠，从未有过偏离，又何必在意能够走多远呢！

现实有时总是让我们忧心，尴尬的办学条件，悬而未决的队伍建设问题，都让我们倍感纠结。但我们并未在这样的纠结中沉沦，盘点一年的工作，依然可圈可点：福建省2012年教师进修院校培训者培训在我校举办，"海沧区教师进修学校"这个名字进入了全省同行的视野，龙岩新罗区教师进修学校、漳州龙海市教师进修学校的同行相继莅临我校考察交流，我校的办学成效得到了同行们的高度评价；我校与中国人才协会教育人才专业委员会合作，成功举办了"全国第五届海峡两岸同课异教教学研讨会"，展现了海沧学前教育的风采；率团参加厦门市第二届教师教学技能大赛，取得优异成绩，荣获优秀组织奖；指导教师参加福建省第二届教师教学技能大赛，我区选手喜获初中组全省特等奖第一名，为厦门市争得了荣誉；指导体育优质课评选、艺术比赛等活动，均在省、市获得优异成绩，展现了海沧体育艺术教育的成果；毕业班学科中心组建设初显成效，全区中、高考成绩继续稳步提升；教育科研再上新台阶，首批区级微型课题全部如期结题，第二期100个微型课题已经开题，进入研究阶段，课题的数量、质量都有显著提高；我校"新手教师三年培养规划行动研究"课题被确定为厦门市"十二五"重点规划课题，为新手教师培养的科学性、系统性奠定了坚实的基础；教师培训工作有一定突破，中小学教师"生态德育体验培训"等培训项目的开展，拓展了教师培训的内容与途径。我们有理由为自己鼓掌，为没有虚度的2012年鼓掌。

教师培训、科研、教研工作有价值吗？答案是肯定的。然而，如何实现价值？能够实现怎样程度的价值？身在其中，我们经常不满于自己的工作成效，经常困惑迷茫于理想与现实的不协调。理想是丰满的，现实却是骨感的，限制我们效能发挥的因素有很多，既有我们自身，也有外在的体制束缚。有人说，每个人在体制内都是"戴着镣铐跳舞"，我们困惑乃至痛苦，很多时候是因为欲打碎束缚住我们的"镣铐"而不得。然而要打碎"镣铐"是不可能的，这也不是我们的使命，因此我们要思考的是，如何在"镣铐"的束缚之下把"舞"跳得自如一些、优雅一点。既然如此，我们就没有理由为外在因素困惑迷茫，我们要做的就是直指本心，只需反求诸己，该想的、能想的，我都想到了吗？该做的、能做的，我都做到了吗？都做好了吗？我自身的潜能都发挥出来了吗？我要如何做才能做得更好？把这些问题带入2013年，思考并躬行，相信我们的生活能够更加丰盈，我们的工作能够更加美好。

让我们一起期待2013年，不一定要辉煌，只要每次回首，我们都不因虚度而懊悔，都能因我们作出的一些改变而欣慰。

祝愿同事们在新的一年健康、快乐、幸福。

2012年

从改变自己做起

伙伴们：

又是一年一度的建校日，在这个团队共同的生日里，请允许我发自内心地对大家一年来辛勤、努力、卓有成效的工作及对我本人的关心和支持表示感谢，祝愿大家在这个共同的生日里快乐、健康、幸福，并让我们一起展望未来。

2013年我们依然坚定地行走在路上，理性思考，认真谋划，积极行动，力争突破。我们务实但不循规蹈矩，创新而不标新立异，激情却又深沉内敛，且行且思，思路日渐清晰，步伐日益加快，成效逐步显现。小学"同课异教"数学课堂教学研讨会、首届"携手名师，亲近经典"阅读教学活动、"学校文化建设与积极心理学"学校管理干部培训、中美合作骨干英语教师培训、"儿童文学"小学语文教师专题研修班、名师讲坛等教师研训活动，着眼于教师理念的提升和教育教学行为的改善，使得学习与实践结合更加紧密，目标更加明确，效果更加显著。微型课题的广泛开展使教育科研接上了地气，不再是无源之水，无本之木；规范课题研究过程管理，让教育科研走向真实，逐步回归本质；省市课改和规划课题的大斩获让我们欣喜，精耕细作的科研管理终于有了回报。学科教研聚焦有效教学，主题更加突出，形式更加丰富，更加贴近教师的实际需求，有力地助推了教师的专业成长。回首2013年，我们可以无愧地说，我们始终未曾停下脚步。让我们一起为自己的成长鼓掌，为自己一年来的努力工作、相携互助鼓掌，为自己对海沧教育所尽的绵薄之力鼓掌。

"海沧教育因我而改变"是我们共同的目标，也是教师进修学校存在的价值所在。要改变海沧教育，首先要改变的自然是我们自己。在这样一个瞬息万变的时代，"变"永远是一个不变的主题，"变"意味着发展，意味着紧跟时代的步伐。教研员不是普通的教师，而是学科的领路人，是学科教师为人师者的榜样和专业成长的指导者、帮助者。要做好领路人，就要有领路人敢为人先的觉悟，有领路人凝聚人心的魅力，有领路人堪为表率的德能。我相信，我们是一支优秀的团队，但优秀是卓越的大敌，如果止步于眼前的优秀，我们终将泯然于众人。更何况，在我们的团队中，还是有那么一些不和谐的现象时隐时现：自清门前，各行其是，缺乏团队和大局意识；不思进取，不爱学习，缺乏发展和标杆意识；贪图安逸，拖沓推诿，缺乏责任和担当意识。这些问题总会在某种场合、某项工作中或多或少地暴露出来。而这些，显然与领路人应具备的素养相去甚远。克服我们身上可能存在的懒散、倦怠、冷漠、偏激，让我们变得更加纯粹，更加无愧于教研员这个身份所赋予的职业要求，是一切改变的开始。

每个人都有选择自己人生的权利，你可以选择当或者不当一个教研员。但当选择这样一个岗位后，你却没有选择要不要自我改变的权利，因为这个岗位承载了一个地区学科发展的重任，关系到学科教师发展的速度和高度，岗位性质决定了你必须不断发展自我、完善自我。

在我看来，一个合格的领路人在工作中应该是一个摆脱了不成熟状态的人：有清醒的自我认识，既不自以为是，也不妄自菲薄，知道自己的长处和短处，并能不断努力完善自我；有清醒的职业认识，始终保持良好的职业状态，知道职业赋予的责任和使命，并为之全力以赴；有清醒的环境认识，能够认清自我与环境（包括所在的单位、单位中的人和事、服务的对象等）的关系，着眼于经营和建设，既能够善意而开诚布公地批评，又能够设身处地地去理解和包容。我们都是成年人，但成年不意味着成熟，观照自我，我们可能会惶恐地看到：我们反感、厌恶、批评、反对某人或某事，然而在某种场合、某个情境中，我们自己恰恰也可能会成为那样的人，或行那样的事。可怕的是，我们经常身处其境而不自知。认识自我是改变自我的前提,但人在自我认识上存在很多盲点,对"自我"和"他人"的评判往往实施的是两套标准,有过皆在他人,有功非我莫属。不能正确认识自己,又何来改变之说？2000多年前,古希腊人就把"认识你自己"作为神谕刻在阿波罗神庙的门柱上,曾子也强调"吾日三省吾身,见贤思齐,见不贤而自内省"。只有以人为镜,真诚内省,才可能实现自我人格的不断完善,才能摆脱不成熟,才能克服我们内心的虚无感,真正走上自由的人生,让生命的存在更加饱满而富有意义。

英国威斯敏斯特教堂的地下室里有一块墓碑,墓碑上面写了这样一段话:"在我年轻的时候,我曾梦想改变这个世界。可当我成熟以后,我发现我不能够改变这个世界。于是,我将目光缩短一些,那就只改变我的国家吧。可当我到了暮年的时候,我发现我根本没有能力改变我的国家。于是,我最后的愿望仅仅是改变我的家庭,可是这也不可能。现在,当我躺在床上,行将就木的时候,我突然意识到:如果当初我仅仅是从改变自己开始,也许我就能改变我的家庭,在家人的帮助和鼓励下,也许我就能为我的国家做一点事情。然后,谁知道呢？说不定我能改变这个世界。"这段话可以成为我们的工作箴言,时刻警醒我们,从改变自己做起。

易卜生说:"你最大的责任是把你这块材料铸造成器。"以此和伙伴们共勉,让我们一起行走在通向理想的道路上。

2013年

让我们更有智慧地工作

伙伴们：

又是一年一度的建校纪念日，感恩大家一直以来对我的关心，感恩大家对我工作的全力支持，感恩大家一年来的努力工作。

2014年是一个收获的年份，是一个充满激情和喜悦的年份。

我们收获了团队的成长。2013年以来，许耀琳、王双莲、郑晓玲、林文灿、陈淑娟、林秋雁这样一些专业水平高、责任心和事业心强的优秀教师陆续成为我们大家庭中的一员，这些新鲜血液的补充，让我们的团队更加有活力，专业化水平更高，更加充满力量！她们的加入，是2014年最值得我们喜悦的事情！她们，让我们对学校的未来更加有信心。

我们收获了突出的业绩。顶着巨大的压力，我们精心组织、周密安排，积极备战厦门市第三届教师教学技能大赛，取得优异成绩，再次夺冠；我们认真策划每次教师培训活动，用心安排课程，细心做好培训后勤保障，全年累计培训教师2500多人次（连续学习课程2天以上，不含远程培训），为一线教师奉上了一道道精美的精神大餐；我们启动了"书香海沧·教师领航"教师读书工程，引导教师走上阅读之路，用阅读悄悄改变学校的文化生态；我们开启了"校长成长沙龙"，为校长提供了一个交流办学经验、分享教育智慧的平台，为校长的成长提供来自同伴精神和思想的滋养；我们举办了"两笔一画"青年教师基本功比赛和首届"春华杯"新任职教师教学技能大赛，为青年教师提供展示自我的平台，营造有利于青年教师成长的良好环境；我们举办了小学语文、初中数学两个专场的两岸"同课异教"名师精品课堂教学研讨活动，每个学科请进来自全国各地近 10 位优秀名师与我们的老师同台献艺，让我们的老师领略到了来自教育发达地区名师的精湛教育艺术，形成促进教师成长的"冲击波"；我们成功承办了"第十二届全国初中信息技术与教学融合优质课大赛"，虽然首次举办全国性的教学大赛活动，但我们周到、精细的组织工作，得到了大赛主办方和参赛人员的共同赞誉。此外，我们联合福建教育杂志社举办了小学语文、小学数学全国青年教师教学风采展示活动，为中国教师国际交流协会教师进修分会设计全国中小学校长培训课程，并协助组织了该项培训。精彩纷呈的盛事，让海沧区教师进修学校作为一个专业的教师研修单位进入了更多教育机构和教育人的视野。

我们收获了在实践中的思考。在举办各类活动的过程中，在教师培训、岗位练兵、教育教研和科研的改进探索中，我们不断思索，朝着"海沧教育因我而改变"的目标又靠近了一步。我们思考，教师培训如何真正满足教师的内在需要，如何真正帮助解决实践中的问题和成长的困惑；我们思考，教育教研如何围绕基于教和学困境的真问题来组织，如何通过系列主题活动为教师搭建通往教学成功的阶梯；我们思考，教育科研如何回归研究解决真问题的本来面目，如何通过规范细致的过程管理来确保科研的真实和有效；我们思考，如何发挥教师进修学校的引领作用，让学校教师学习文化更加活泼健康，让校长能够更加自觉地朝教育家型校长发展。在这样的思考中，我们对教育的认识更加深刻，我们的责任感和使命感更加强烈，我们对学科和学校的发展方向越来越明晰。

2014 年即将盛大落幕，2015 年正向我们走来，让我们一起期待 2015 年的精彩，一起为走进 2015 年作好准备。

2015 年，我们要有更加清晰的工作目标和思路，工作要更有智慧和内涵，工作成效要有更大的提升。每个学科、每个模块的工作，在总结 2014 年工作得失的基础上，都要提出更有针对性的发展计划，要清晰地回答好做什么、怎么做、为什么做这三个核心问题。教育是人学，我们的一切工作都应该着眼于人的发展，无论是整体的工作思路，还是具体的每项工作，都要回到原点去思考其可能的价值，作出合乎理性的判断和选择。我们的行动要从实践需要出发，符合教育的常识，满足教师的发展需求，努力实现每一项工作的价值最大化，让每项工作都有智慧和思想的光芒蕴含其中。

2015年，我们要对自己提出更高的要求，要有更大的进步。作家王开岭这样写史铁生："他属于那种人——他们以自己的生活、创造、立场和穿越岁月时的神情，给时代、给人类精神添加着美、尊严和荣誉。正因为空气中有其体温，树木上有其指纹，这世界才不荒凉，街道才不冰冷。"我一直希望，我们教研员对于老师来说，也能够是类似的人——自尊、友善、真诚、负责，能够真正成为一线教师精神和专业上的领路人，成为他们职业成长道路上最坚定的支持者和亲密的伙伴。"海沧教育因我而改变"，这是我们始终应该秉持的信念，但无论是要改变人，还是要改变环境，我们首先需要的都是改变自己。只有坚信自我的完美是可能的，才有可能去影响周围的人和世界。海明威说："一个人的高贵不在于他比别人优秀，而在于他比昨天的自己优秀。"实践、学习、思考，始终行走在成长的道路上，就是完美，就是高贵！

2015年还应该是一个总结和继往开来的年份。教师进修学校大楼即将破土动工，2016年将落成，届时办学条件将得到极大的改善，学术报告厅、体验式培训活动教室、微格教学实验室、智慧教室等现代教学研究培训设施将全面建设起来，学校将继往开来，在一个新的起点上实现飞越。借迁入新校之机，我们要对前面六年的工作作一个全面的总结，并以办学成果展示的形式来庆祝新校落成。我们计划在学校总的成果汇编基础上，为每个学科和模块工作出一本汇聚成果的集子，并形成系列。如何呈现自己的工作成果？形式可以不拘一格，彰显个性，但内容应该丰满且富有时代气息，既是思想的结晶，又能展现实践的足迹。希望大家从现在开始，就要去思考和设计，就要留心收集和整理资料。

2015年正迎面而来，在新的一年里，我们要相互扶持、相互包容、相互温暖、相互提点、相互激励，为"海沧区教师进修学校"这个我们共同的名字，我们共同的栖身之所，共同的精神家园，并肩行走在路上。

2014 年

成就教师，让相遇更美

伙伴们：

岁月匆匆，12月25日——海沧区教师进修学校2015年建校日转眼即至。同任何一个年份一样，即将过去的2015年有收获，亦有遗憾，但无论如何，我们从未停止对远方的渴望，从未停止行走的努力，哪怕这一年只是前行了微不足道的一段路程，也是令人欣慰的。

每年建校日给大家写一封信虽已成为惯例，但在键盘上敲下这些文字时，我仍有那么几分忐忑，亦有那么几分喜悦。喜悦是因为我可以再一次向大家表达我的感激，表达我对这个团队的热爱，对这个团队的期待。忐忑的是，我应该怎样表达我的所思所想，我的表达是否恰当，是否会给大家带去困扰，是否能够带给大家一些有益的思考。

一起行走在路上，我们之间多了份理解，多了份默契，多了份真诚。诗歌朗诵比赛前的认真训练、赛中的倾情投入、赛后的坦诚交流让我感动于大家对团队的热爱；主题学习中每个发言人的用心和无私分享让我感动于大家对成长的共同期待；外出培训带队的耐心细致让我感动于大家良好的服务意识；主持研修等活动后及时编发通讯甚至工作到深夜让我感动于大家的敬业勤勉……我无法一一记述每个人做的事情，但大家对团队的付出和努力我都铭记在心。正是因为大家共同珍惜维护这个团队的荣誉，我们才能一起走向远方。

展望2016年，我们要怎样才能走得更远？

2015年12月16日，我和北师大海沧附属学校的蔡稳良校长到北京参加北师大组织的"中国好老师"公益行动计划 2016 年推进会。期间，我见到了海沧附属学校招聘的一位北师大在读研究生。这位刘姓同学原本两年前就应该硕士研究生毕业，但是在他读研二时作了个需要点勇气的决定：他申请了休学，奔赴贵州一个边远山村的小学，在那里开始了长达两年的支教生活。在和我们谈这段经历时，刘同学的教育理想和情怀，对孩子发自内心的爱，对弱势群体的悲悯，深深地感染了我。他在言谈中表现出来的教育洞察力、对教育的认识和见解，更是让我发自内心地赞叹：后生可畏！看着眼前这位眼睛里闪烁着理想光芒的新教师，我仿佛看到了 27 年前怀揣梦想走上讲台的自己，如今的我还有这样的激情、这样的使命感吗？一种生命的危机感油然而生。

我相信，这样的新教师会有很多，会越来越多，这是中国教育的福音，也是中国教育的希望所在。然而，面对这样的一群新进教师，身为教研员，如果没有良好的专业能力和专业水平，没有对教育的热爱，不要说引领，甚至连陪伴他们一起行走的资格也没有。这不能不说是我们面临的巨大挑战！

教研员的事业应该是"立己达人"的事业，所谓"立己"，我的理解是让自己成为一个完整的人，一个人生目标渐次清晰的人，一个可以内省自察的人，一个学养有成、心灵圆满自在的人。唯如此，方可"达人"。孔夫子说："吾十有五而志于学，三十而立"，可见，"十有五而志于学"是"三十而立"的前提，三十而立不只是一个年龄的概念，还是十五年孜孜以学的结果，而有的人终其一生也没有"立"起来。教研员的角色决定了我们整个职业生涯必须都以学为友，必须直扑经典，不断在经典阅读中汲取营养。唯有如此，才能够有"立"的根基。教研员的学习，还必须是思考中的学习，要始终反思自己的职业效能，要在思考中寻找问题，要思考自己所带领的学科团队最终要走向何方，然后在思考的基础上学习寻找可能的路径和最佳的通道，从而将团队带到尽可能高的高度。带领一支团队，我们既要看清此岸，又要远观彼岸，坚定地朝着彼岸前行。

"立己达人"并非就要超越别人，在前面领跑，而是一群志同道合的人相互提携、相互滋养。教研员应该是团队中"平等的首席","首席"不一定是团队中最卓越的个体,但一定要是联结团队所有成员的纽带,是团队的灵魂。"首席"要能够发现和发挥团队中每个成员的优长,帮助每个人在团队中都找到合适的位置,并彼此联结成网。在这个网络中,每个人都是最重要的,彼此的能量都是互通共享的,彼此都能得到滋养,从而不断成长壮大。

前不久,我读到了傅国涌先生2015年7月在《教师博览》首届读书论坛上的演讲录音整理的文章《人生最美是相遇》。这是一篇非常有温度的美文。傅先生讲了很多文化名人美丽的相遇故事,讲述了对自己人生影响最大的三次相遇,其中第一次相遇遇到的是时任浙江乐清县教育局教研室主任徐保士老师。徐保士老师给当时还在读初中二年级的傅先生指导了大约三五分钟的作文写作,而这三五分钟就成了傅先生写作的起点。正是这一个个的相遇成就了一个优秀的学者,所以傅先生动情地说:"感谢我的相遇,我竟然在我的14岁到28岁的十四年中遇见了他们。没有他们,我不知道我在哪里,在做什么;有了他们,今天就成了这样子的我。"

教研员和我们自己学科的老师也有着一次次的相遇,这样的相遇,也许无法与那些名人名家宿命中画龙点睛般的神奇相遇相提并论,也很难说我们与这些老师的相遇就能成就他们,我们就能成为他们生命中的贵人。但我想,既然注定要与你服务的所有学科教师有一场相遇,我们也应该努力让这场相遇变得美丽一些,让每次相遇在每位老师心中留下美好的印记,哪怕只是成为滋养他们生命的一滴水,成为支持他们前行的一丝力量,若干年后回想起来也仍然能够让彼此感觉温暖。

让我们携手全区的教师一起走向远方。

2015年

携手前行，守望教育

伙伴们：

又是一个建校日，每年在这个时间给大家写一封信，似乎已经有点形式化，甚至感觉有些矫情，但是依然这样坚持着做了，因为我的确想在这样一个特殊的日子里，增加一点仪式感，向伙伴们表达我的感激，分享我的思考。

回望携手走过的一年，虽然我时常有对教育现实的失望，有对从事这项工作价值的怀疑，有对静守教育的动摇，但都因为你们，因为你们给予我无条件的信任和支持，因为你们卓有成效的工作，因为你们坚持着一厘米一厘米的改变，让我感觉到自己并不孤单，让我对教育的未来抱有更多的信心，让我哪怕在最失望的日子里也能看到一抹阳光，于是我坚持下来了。对此，我心怀无限感激。

回首过去，我们的团队都做了什么，我想略作盘点。

——伙伴有了成长，对教育有了更加理性的思考，工作目标更加明确，工作水平不断提高，许多教研员在专业荣誉上也有斩获；学校有了一定的学术氛围，主题研修不断深入和改进，个人自主学习更加主动，《向经典致敬》一书正式出版，一个学术型的专业教育机构正走在成长的道路上。

——教研创新推动了教师专业成长。教研活动形式更加开放多元，更加着力于解决问题，无论是在技术层面还是在内涵上，都有了一定的提升，"主题序列式"教研模式在一些学科逐渐成形；以"岗位大练兵"为载体的教研活动成效显著，伙伴们在教师教育技能大赛、学科教学观摩比赛、青年教师岗位练兵比赛中都取得了优异成绩。

——科研创新引导教师真正走上研究之路。开展草根性教育科研，连续四期 400 多个微型课题，让更多的教师参与到真实的科研之中；倡导做"真实、有效、有用"的教育科研，使科研真正促进了教师和学校的发展，教师研究能力获得极大提升，激发了教师参与科研的热情；主动申报课题的教师越来越多，研究的层次和水平逐年提高，帮助教师走上科研这条幸福的道路，推动了教师专业化建设。

——教师培训越来越精准有效。从完全依靠高校走向了自我策划、自我设计、自我组织，培训目标更加清晰，项目更加丰富，课程更加精细，培训更加贴近教育教学和教师专业成长的需要。如引进了"生态体验德育效能"培训，让参训教师在体验和感悟中汇聚生命能量，提升职业认同感和自我人格；创新新教师培训模式，将新教师培养期延长到三年来进行整体设计，通过体验培训、问题式诊断沙龙、读书共同体、成长论坛等活动形式，不断提升新教师的专业素养和职业精神。

——教师阅读工程成效初显。2016 年第三届教育阅读节以"眺望美的教育"为主题，举办了一场高水平的专业论坛，2000 多人次的教师参与并受益于这样的一场活动。"书香海沧·教师领航"教师阅读工程行动三年以来取得了良好的成效，教师阅读渐成风气，改善了教师的学习文化，促进了教师的自我成长。

——推动教育信息化建设，不断推进教学与信息化的深度融合。与东北师范大学理想信息技术研究院、天闻数媒、绿网天下、华中师范大学教育信息技术工程研究中心等多家单位合作，开展"智慧学校"试点建设工作，组织"智慧教育"种子教师培训，组织教师教育信息技术能力提升工程全员培训，开展微课制作培训，指导开展师生"教学空间"的建设和应用，举办"互联网＋教育学校文化建设"校长论坛等等，大力推动教育信息化建设，提高信息技术应用教学的层次和水平，促进教学与信息技术的深度融合，改变教学方式，促进教育质量提升。

……

回首过去，有收获也有诸多遗憾，具体表现在：我们的团队整体水平于教育现代化发展的需要还有较大差距，我们的教育管理方式还显得简单粗犷，我们推动教师发展的策略还不够丰富多元，我们的服务品质和工作主动性还有待提高，我们的工作作风也还不够深入等等。

面对未来，我们还有很长的路要走，我们必须坚持自我的发展和提升，才有能力引领海沧教育的发展。面对未来，我们应该做什么？我想分享几个观点。

其一，始终坚持正确的方向。教师进修学校作为教育业务管理部门，始终坚持正确的教育价值观，确保教育不偏离正确的方向，是最重要、最根本的使命。什么是正确的教育价值观？最根本的就是做"人"的教育。教育的一切出发点和落脚点都是为了"人"，为了培养健全的、完整的、自主的、独立的人。教育即生长，离开生命的生长目的，离开生命的个体价值，离开人类共同的命运，谈论教育都是伪教育。回到"人"的教育上，教育必须回归人的生长规律，必须重视人的心灵成长，必须尊重人的天性中对真善美的自然呼唤，必须关注每个人独具的个性，真正将每个学生视为独一无二的人。一切将学生视为考试工具的教育，一切忽视人性的教育，一切企图奴役人的思想的教育，都是伪教育。做"人"的教育，应该落实在我们的每一项工作中，教师培训、课程建设、教研科研、岗位练兵、质量监控、常规管理的落脚点都应该在"人"。

其二，始终坚持做好核心工作。教师进修学校的核心工作是什么？是提高区域教育教学质量，提升教育的内涵和品质。这一核心工作的关键则在于学科建设——学科教师队伍建设和学科课程建设。学科教师队伍建设应该始终聚焦于整体提升，无论是培养标杆型的领军人物，还是名师工作室、特色教师工作室等团队建设，最终目的都在于整体提升学科教师队伍的专业水平和教育教学能力。教育工作的特点是每名学科专任教师都必须独立地面对学生，只要有一名教师掉队，就会有一大批的孩子被动接受低质、无效，甚至是负效的教育。让每名教师都成为合格乃至优秀的教师，是保证教育公平、均衡的题中应有之义，是学科教师队伍建设的重中之重。学科课程建设的落脚点则在学生。无论是国家课程的改造拓展，还是跨学科的课程融合、地方课程和特色课程的开发建设等，其目的都是为了促进学生更好地发展，为了在适合的季节能够给学生提供生长所需的最好的养分。

其三，始终潜心教育，淡泊名利。一个纯粹的教育机构，我相信一定是一个不会炒作的机构，一定有一群愿意安静做事的人。我不反对出名。杜威、苏霍姆林斯基、陶行知、蔡元培、张伯苓、晏阳初等先生都是名重当世的大教育家，都是我们非常敬仰的名人，他们成名成家都是水到渠成、实至名归的。纵观他们的一生，他们都是全身心沉浸于教育的人，"名"是世人自然给予他们的副产品。前辈风范只能追慕，这个时代已经很难产生这样的大家。这是一个热衷于"制造"名人的时代，连教育家都可以申报，我们很容易就失去判断力，分辨不出哪些才是真正的名家。这也是一个"名"和"利"一体的时代，名与利总是勾肩搭背，无法分离，我们每个人都是平凡的人，有生存的需要，有生活得更好的权利，我想我没有资格也没有权利要求大家摈弃名利，甚至我自己可能也在不知不觉中被名裹挟，这可能是我们这个时代共同的悲剧。但是，即便如此，我还是希望一群名叫教研员的人，能够在浮华的世界中，多一些对职业本质的坚守，多一份专业的坚持，多一点对能坐得住冷板凳的敬意，既不要迷失在名利场中，也不要为名利的肆虐推波助澜。

其四，互相欣赏，求同存异。任何一个团队都不可能由一群性格、观念、能力、文化都一样的人组成，只要有人群就会有差异，甚至可以说，正是差异促成了人类的发展，构成了人类社会丰富、多元的美。我们进修学校也不例外，我们每个人的生活、学习背景都不相同，我们每个人的文化意识、价值观念、性情兴趣也都相异。正是这种相异，让我们在一起，有了更多思想碰撞的可能，有了更多相互学习吸纳的可能。从某种意义上说，这种相异是一种可贵的资源，它让我们有了更多的镜子来看到自己、反思自己，所以我真诚地希望，我们既然有这样一种缘分走到一个共同的地方，我们就要珍视差异，尊重差异，欣赏每个人的优长，愿意为每个人的成长提供支持和帮助。当然，既然我们在一个团队中，我们就有共同的价值观，有共同的追求，有共同需要遵守的承诺，这就是我们应该求同的地方。我们应该共同维护这个团队的尊严和荣誉，我们应该为这个团队作出个人的某些让步甚至是牺牲，我们应该为了团队的共同理想而目标一致，携手同心。

展望未来，我会一如既往地真诚，真诚地竭心尽力工作，真诚地和伙伴们共同成长，真诚地与团队荣辱与共，真诚地守望海沧教育，不忘初心，携手前行。

感恩海沧区教师进修学校这个团队，感恩进修学校的每个伙伴！

2016 年

一元初始，万象更新

伙伴们：

　　海沧进修人终于有了真正属于自己的家园。从 2008 年 12 月 25 日建校之日起，历经九年，几经搬迁，海沧区教师进修学校综合楼终于落成并投入使用。

　　2008 年 12 月 25 日，海沧区教师进修学校正式挂牌成立，学校正式编制 19 人，实有员工 24 人。

　　学校草创，偏居海沧"娱乐城"三楼一隅，建筑面积不足 600 平方米，既为办公治学之地，也是教研、培训的场所，其局促可想而知。然麻雀虽小五脏俱全，在此弹丸之地，我们硬是挤出了近 50 平方米的地方，开辟了图书阅览室。斯室虽简陋，亦足见我们对自身专业成长和精神涵养之重视。虽是过渡性办学之地，但学校文化布置亦不敢轻慢：大门进口摆着"正身镜"，提醒我们"不正己，何以正人"；培训教室张贴了"教育贵于熏习，习惯赖于浸染"的警句，表达我们"润物无声"的教育主张；两间会议室分别张贴着"主动，务实，创新，高效"和"服务，合作，激情，卓越"的标语，寄托着我们对团队工作作风和敬业精神的期许；走廊上是区属中小学老师亲笔创作的国画和书法作品，充满浓浓的书香气息，提醒我们教师进修学校是一个专业的教师成长支持机构，教研员要有书卷气和专业精神。

　　"娱乐城"三年可谓海沧区教师进修学校的幼年期，虽然稚嫩，却对学校未来的发展至关重要。正是在这三年时间里，"海沧教育因我而改变"的愿景成为团队的共识和追求;我们凝练了学校"进德持志,修业敏行"的校训;明确了要把海沧区教师进修学校建设成为"高水平专业化的教师研修机构"的发展目标;初步形成了共创和谐与追求卓越一体两面的文化品质。在这三年时间里,我们提出了"滋养,激活,奉献"的教师培养理念和"全面,全员,全程"的教师研修原则;尝试开展"主题序列化"教研活动,努力提升教研品质;启动了首批微型课题的研究,倡导真问题、真研究的草根性科研;组织开展了教师岗位大练兵、"我的教育故事"等主题系列活动,初步搭建了教师专业成长的立体式支持系统。

2012年,海沧区教师进修学校办学地点迁至海旅大厦四楼,办学条件有所改善,办学用房依然严重不足,但可喜的是,学校有了一间可容纳400人的学术报告厅,为我们开展"与大师对话"系列活动和学科培训提供了一个重要场所;有了三间可布置120台计算机的电脑教室,为日后开展教师教育技术能力全员培训、基于网络平台的阅卷及数据分析等工作创造了条件。在这1000多平方米的地方,我们仍然不忘文化环境创建,尽可能将它经营得优雅、温馨、有书香气息,能够表达我们的价值追求。

海旅大厦五年,最为可喜的是,我们的队伍壮大了。在教育局领导的关心和努力争取下,学校编制扩大到25人,我们陆续引进一批优秀的青年教师充实到教研员队伍中，队伍的结构更加合理，专业化程度更高，人员更加充满活力，这为学校的专业化发展奠定了良好的基础。与此同时，我们也引进了一些优秀的编外人员。他们通常等个一两年就会报考公务员，进修学校只是他们人生很短的一段经历，但这些优秀的青年都给我们留下美好的记忆，期间进修学校的点滴发展都有他们的汗水和功劳。

　　海旅大厦五年，也是学校快速成长的重要发展时期，一些重大举措深刻影响了海沧教育的发展。在这五年中，我们不断开拓创新，丰富学校办学内涵；在这五年中，教研培训工作渐成体系，学校工作品质逐步提高，服务教师能力逐渐增强；与清华大学、北京师范大学、华东师范大学、东北师范大学、复旦大学、国家开放大学、上海教育科学研究院、福建师范大学、福建教育学院等国内高校所属的教师研修机构建立了良好的合作关系，极大拓宽了教师培训的资源，使得教师培训层次和形式更加丰富，培训质量稳步提升；与中国人才研究会教育人才专业委员会合作举办"精品课堂同课异教"教学研讨活动，每年开展两个学科的活动，并形成品牌；连续举办"学校文化建设"系列校长论坛，推动学校文化重建活动，并逐步拓展成"海纳群贤，沧江论道"系列论坛、沙龙、阅读节等活动，论坛主题和形式更加多元开放；启动了"书香海沧·教师领航"教师全员阅读工程，改善学校教师学习文化，该工程受到《中国教育报》等媒体的广泛关注；在组建本地名师工作室的基础上，引进7名上海一流名师在海沧建异地工作室，为海沧优秀教师成长搭建了高水平的平台，也为对标上海教育提供了一个重要通道；创新教师培训模式，区级学科带头人、教研骨干等优秀教师培养增加了到异地名校跟岗学习半个月的环节，使得教师专业成长更有保障；组织开展"心理关怀"教师培训和工作坊活动，更加关注教师心理健康和职业幸福；启动了教研员"主题学习"，更加关注教研员自身的专业成长，营造进修学校更好的学习氛围；《海沧教育》改版，主题更加鲜明，出刊时间和办刊质量更加稳定，已经成为一本高品质的区县级内部教育学术刊物。

从建校之日起，能够拥有属于自己的、独立的、标准的办学场所就是每个海沧进修人的梦想。多年的呼吁，多年的争取，多年的期盼，2015年，在区委区政府的重视下，海沧区教师进修学校大楼终于立项并破土动工。2017年12月，海沧区教师进修学校大楼完成内部装修，办公和教学设施全部配齐。2017年12月25日，在学校建校日乔迁新址。海沧区教师进修学校，从2008年12月25日建校到2017年12月25日圆梦新居，历时恰九年。九为中华文化之极数，逢九进一，一元初始，万象更新，这是一个美好的日子。

潮平两岸阔，风正一帆悬。在海沧这片热土，海沧进修人秉持"海沧教育因我而改变"的信念，不忘初心，奋力前行，海沧区教师进修学校明天一定会越来越美好，海沧教育的明天一定会越来越美好。

2017年

新起点，新目标，新作为

伙伴们：

　　学校十周岁了，十年筚路蓝缕，终于在第十个年头接受了福建省区县级示范性教师进修学校评估。捷报目前虽未传至，顺利通过应无悬念，借此华诞之日，提前祝贺。

　　获评示范性教师进修学校，既是一个阶段性的目标，也是一个新的起点。海沧区教师进修学校如何确立新的目标，走向新的征途，这是所有海沧进修人应当认真思考的问题。

　　细节决定品质，细节的天敌是习以为常。有了属于自己的综合大楼，如何让大楼的环境与进修文化更加契合，如何让每个空间的功能性和舒适性能更

好？若经常用审视挑剔的眼光看待，就会发现有很多可以改善提升的地方；若熟视无睹，也就放过了。为什么我催促教师将培训和活动的照片上墙？因为那可以让教师看到自己，看到自己与学校的联结，看到学校是他们成长的加油站。为什么建议五楼的沙发布置作些调整？因为那既是讨论交流的区域，也是一个休闲读书的地方。这样一个空间不宜太呆板，不宜长着会议室的面孔。今天能做的事情决不拖到明天，能够做到的事努力做到极致，才不会掉进平庸的陷阱。

组织的运行离不开制度，制度的天敌是随意。办学条件优越，队伍逐渐壮大，这为海沧区教师进修学校发展奠定了坚实的基础。条件改变了，学校治理的思路也应该随之改变，否则人浮于事，学校的服务品质反而可能下降。治理的核心是资源配置与管理优化。人力是最重要的资源，每个人都应该有清晰的责权清单，人人有事做，事事有人负责。优化管理，离不开制度建设。学校常规的工作有规范和标准，品牌的活动要逐步塑型，大型的活动必须制定执行方案，这些都要有制度性的思考和设计，以科学的制度保障学校运行的秩序和品质。今年的阅读节整体上非常棒，美中不足的是中午的接待，表面上看是人员衔接的问题，但本质上还是制度的缺失。制度不等于文本，文本是制度的形式，制度的核心是自觉的意识、严谨的规则、稳定的秩序。如果追求服务的完美品质，我们就无法容忍随意，无法容忍任何借口，制度建设的重要性就不言而喻。

任何一个了不起的组织都是有使命感的组织。海沧区教师进修学校从建校之日起就确立了"海沧教育因我而改变"的愿景和价值观，推动学校文化建设、推广教师阅读、引进真爱梦想、推进区域教育信息化、举办校长成长沙龙，没有谁让我们做这些事情，是使命让我们自觉自为。海沧区教师进修学校应当能够自觉站在全区教育发展的高度思考每项工作背后的逻辑，对教育动向保持敏锐的触角，能够洞见未来，并拥有改变自己和推动教育改革创新的勇气。教师进修学校不应该只是教育局的一个部门，而是一个有能力和智慧推动教育局朝前走的专业机构,要努力用专业的力量影响和改变区域教育的发展。

实现学校愿景,关键在于拥有一支高素质的专业化教研员队伍。教研员的专业化发展,离不开学习与开放。在这样一个知识快速迭代更新的时代,一个以互联网为基础的大数据时代,我们难以想象一个没有持续学习力的人能够跟上时代的步伐。教研员的学习仅仅依赖培训是远远不够的,短期的培训很难真正达到提升素养的目的,培训的主要价值是让我们看到远方,而去远方的路还要靠自己走。怎么到远方?我相信读书是最好的路径,所以我希望海沧区教师进修学校的主题学习、经典共读能够一直坚持走下去,让阅读成为每个教研员的职业习惯。开放与学习本质上是一体两面的。不学习的人一定是单向度的人,缺乏精神滋养,看不到外面的世界,能量枯竭,心灵的闭锁只是迟早的事情。学习才能让我们看到更加广阔的天地,看到扑面而来的变化,看到各种可能,也看到自己的局限,如此,自然能以开放的姿态来拥抱世界,海纳百川,吐旧纳新,壮大自己。教研员应该是一个生命饱满的人,要不断给自己赋能,心胸开阔,积极健康,热爱教育,让自己随着岁月的沉淀而增值,并用这样美好的生命样态去影响教师。

进德持志,方能领教坛风骚;修业敏行,自可偕群贤致远。愿海沧区教师进修学校越办越好。

2018 年

附 录

从经典阅读中获取力量
——访厦门市海沧区教育局副局长孙民云

刘青松：对一线教师来说，教育经典的阅读有哪些价值和作用？

孙民云：阅读教育经典，让我们站在巨人的肩膀上。教育经典一般而言都是经过时间检验的教育著作，往往在教育史上具有里程碑式的意义，其作者一般来说都曾站在一个时代的顶峰，都是大师级的人物。阅读教育经典，如同隔着时空与大师对话，既可以借此进入大师所在的时代，和大师探讨教育问题，了解其解决问题的思想和方法，也可以将大师拉进我们的时代，思考在这个时代，大师的思想和方法具有怎样的局限。如王木春老师在给苏霍姆林斯基的信《当良知遭遇压力》中，面对现实的挤压，作者叩问苏霍姆林斯基："您在书中说：'每当我想到，在许多学校里，在教室的最后排，还坐着一些好像被遗弃的落伍生和留级生，他们心情郁闷，性格暴躁，或者对知识毫不动心的情况时，我就不能不感到一种由衷的痛心。我们不能让这些学生怀着冷酷的心情，对知识毫无兴趣地走出校门！'我不知道，这种'痛心'与您个人特殊的成长背景（比如，您出身农村贫民家庭，小学和中学都就读农村中学等）是否有关联？"借此和大师达成心灵和思想的共通，寻找解决自身困境的精神力量。

因为经典，我们得以和每个时代人类最睿智、最伟大的教育家们对话，得以汲取他们的思想精髓，涵养智慧，为我们灵魂和精神的生长提供养分，让我们能够站到更高远的地方。

阅读教育经典，让我们感觉到教育的温度。尽管人们从不吝啬给予教师各种美誉，人类灵魂的工程师、太阳底下最光辉的事业等，但教师自己却甚少有这种"崇高"的感觉。相反，很多教师感觉不到工作的价值，缺乏职业认同感和幸福感，以致职业倦怠感日益深重。阅读教育经典，让我们看到人类历史上有一群最优秀的人一直与我们相伴同行，正因为他们，人类才能够薪火相传。《向经典致敬》中朱煜老师与孔子对话的题目是："孔子是我们的同行"，我非常喜欢这个标题。多年前到山东曲阜时，我头脑中就不断浮现这样一个同行：恨铁不成钢时气急败坏直斥学生"朽木不可雕也"，与学生心灵相通时捋着胡须赞叹"吾与点也"！学生误会时指天发誓"予所否者，天厌之，天厌之"！当心爱的学生去世时捶胸顿足"天丧予，天丧予"！有这样一个可爱的同行，教育是不是有了不一样的温度，有了那么点让你坚持下去的理由。

教育经典的价值当然远不止于此，但哪怕就这两个理由，难道还不足以让我们亲近经典吗？

刘青松：教育经典是否会过时？我们在阅读时如何辩证地看待？

孙民云：怀特海曾经有过一句经典的话："全部西方哲学传统都是对柏拉图的一系列注脚。"套用这句话，时下各类教育专著虽浩如烟海，但也不过是对教育经典的一系列注脚，教育的根本性问题在经典中已经有了非常明确的解答，不读经典就找不到这些注脚的源头。

经典离我们都有点遥远，可是仔细品读，你会发觉经典却又离我们如此之近，似乎就在谈我们身边发生的事情。我在读《理想国》时就经常有这样的惊诧，比如读到苏格拉底和格劳孔关于音乐和体育教育的一段对话，我联想到了马加爵，艺术不是应该让人更加善良美好吗？联想到了专业运动员中经常爆出的丑闻，体育不是应该让人刚毅正直吗？为什么这些从小学艺术或者体育的人，精神与品德却与之背道而驰呢？柏拉图早在2000多年前就给出了答案。不读经典，我不知道这种过度教育的危害，不知道当教育降低到技术层面时可能的危险。这也是茅于轼先生读了怀特海的《教育的目的》之后，"感到它简直就是专门为当前的中国人写的"的原因。

在我看来，经典具有穿越历史时空的力量，这就是经典的魅力，是经典之为经典的原因。当然每个时代都有每个时代的具体问题，经典并不能包治百病，阅读经典，不是为了在经典中找到药方，而是汲取智慧，让自己多一份坚守，多一些定力，多一点从容。

这在我们这个标新立异的时代，不是尤其显得重要吗？

刘青松：新教师可以从哪些方面去认识和把握教育经典？

孙民云：新教师初步教坛，既充满激情，又懵懵懂懂，此时若能走上阅读之路，将是一生之幸，也是与其相遇的学生之幸。读书最重要的就是照亮自己：心底敞亮，能够独立思考，理性不会轻易被蒙蔽，思想不会被奴役，有慈爱悲悯之心，成为一个独立完整的人。这样的教师就像身上有光的人，是可以照亮孩子的。

新教师要从哪些方面认识和把握教育经典，我觉得这不是首要的问题。书海浩瀚，读怎样的书才是首要的大问题。那么，新教师要读怎样的书呢？我个人认为新教师阅读不应该局限于教育类书籍，阅读面要尽可能宽广，文史经哲都应该读些，不能仅仅读中国书，更要读世界的书。复旦大学的潘知常先生认为，中国人在精神上天然地营养不良，因为我们的文化里比较缺少终极关怀，缺少悲悯和大爱的因子。我觉得我们文化里还缺少科学精神，缺少逻辑，缺少对权威的质疑，缺少批判性思维。如果没有阅读安徒生、莎士比亚、雨果、曹雪芹等这些伟大作家的作品，我们如何深切地理解爱？如果不读《古拉格群岛》《日瓦戈医生》《1984》怎么更深刻地认识到极权对人性的戕害？既然教育是"人类灵魂的教育"，如果我们自己都是蒙昧的、混沌的，我们又如何去唤醒灵魂？所以新教师应该要阅读那些蕴含人性之美的经典作品，吸收其中的营养，以此完成自我的启蒙，某种意义上，这些经典作品也是真正的教育经典。新教师当然应该读些教育类的专门著作，一开始可以选择比较易读、易懂的，如《教育漫话》《给教师的一百条建议》《童年的秘密》之类的经典。其后可以逐步深入，读《理想国》《爱弥尔》《民主主义与教育》等比较难啃的书。此外，很多教育书籍可能还称不上经典，但都是好书，比如《教学勇气——漫步教师心灵》《教学机智——教育智慧的意蕴》《夏山学校》《静悄悄的革命》，还有一些与教育有关的相关科学最新研究成果，比如关于脑科学、积极心理学、多元智能的书籍，关于教育技术的书籍，以及当下流行的一些很解渴的书。这些都是值得阅读、应该阅读的好书。

如何认识和把握教育经典？以我个人的经验，读经典不可急躁，读不下去的时候不妨放一放，心静下来了再往下读；读的时候最好边读边做笔记，随时把感想和困惑写下来；反复读，慢慢品个中滋味，比如读《教育的目的》，我读第一遍时基本是囫囵吞枣，只知大意，读了起码三遍之后，才觉窥见全貌，有了神清气爽之感；读思写结合，和当下的教育现实作对照，和作者进行对话；读经典不必贪多，能够坚持每年深度阅读一本以上的教育经典，日积月累，就很可观了。

刘青松：怀特海认为，"教育只有一个主题，那就是多姿多彩的生活"。作为怀特海的研究者，您是如何理解这句话的？它带给我们的教育启示是什么？

孙民云："教育只有一个主题，那就是多姿多彩的生活。"怀特海认为教育只有和生活相联系时才是有意义的，生活是教育的灵魂。因此他在《教育的目的》中开篇就说道："零零碎碎的信息或知识对文化毫无帮助。如果一个人仅仅是见多识广，那么他在上帝的世界里是最无用且无趣的。"生活是体现人类所有的日常活动和经历的总和，正是生活将人类联结在了一起。人类的一切活动最终都是为了让生活更加美好，生活赋予了人不同于动物的生命意义。怀特海指出："生活的艺术首先是活着，其次是以一种满意的方式活着，第三是在满意程度上获得增加。"在这里，生活是目的，但生活同时也是人类发展的动力源泉。

怀特海这句话从学校文化、课程建设、课堂教学等方面给了我们非常丰富、深刻的启示，仅从学科教学上至少告诉我们：

教学应该和生活相联系。学习既是学生生命旅程中不可或缺的生命体验，同时也是为学生将来更好地适应社会生活作好充分准备。教学应该始终关注学生的生活世界，面向社会生活实践。

教学要致力于培养兴趣。热爱才具有持久的动力，才能够激发人的智慧和创造力。兴趣，不仅在当下能够促使孩子持久地热爱学习，更重要的是在孩子心田播下一粒种子。当这粒种子破土而出，生根发芽，含苞待放时，学习才是真正为了生活的学习。

教学应该重视学科核心素养。学科知识浩如烟海，但大道至简，蕴含学科中的思想方法、思维方式却往往深刻而质朴，是学科中最有价值的东西，是开启学科的钥匙，也是真正让人受益终生的东西。

教学应该重视学习力培养。教是为了不教，学会学习，亘古以来都是教育的重要追求。"学习力"应该包括两个层面的内容：首先是热爱学习，让学习成为一种习惯；其次是良好的自学能力，即掌握科学的学习方法，能够自如地运用各种学习资源，能够在生活中广泛吸纳学习。

为了生活的教育，必须推动每个人走上良好的终身自我发展之路。

（原载《基础教育课程》，2017年6月上旬刊，总第203期）

教育的全部价值就在于成全生命
——天下U微信公众号的采访

伍羽佳：孙校长，您投身教育已经28年了。首先，想请您带着我们一起回溯当时是什么契机让您决定投身教育，您是怎么和教育结缘的。

孙民云：结缘教育完全是个意外。1986年，我高考没考好，被调剂进了师专，被动进了教育的门。当时万分沮丧，因为我想过当军人、当警察、当科学家、当工人……唯独没有想过要当老师。毕业后在中学任教，期间其实有多次改行的机会，却都没有走，因为教育实习时的一些事情让我真正与教育结下了不解之缘。

伍羽佳：很好奇，当初是什么样的事情触动了您？

孙民云：我喜欢您用"触动"这个词。实习时，我们一行几十个同学到一个山区县的中学实习，住在县教师进修学校的教室里。我被安排在城关中学实习。

我实习的班级有几个孩子是老师眼中典型的"坏孩子"：早恋、逃课、打架斗殴、拉帮结派，所有的坏事都有他们的份儿。师父带着我去家访了一次后，就把这些孩子的转化任务交给了我。于是，我开始接近这几个孩子，放学后找他们聊天、周末邀请他们一起爬山、给他们讲我自己读书时的事等等，并没有刻意做思想工作，只是和他们交朋友，尽量站在他们的角度去理解他们，没想到却有了意想不到的惊喜。一段时间后，任课教师说这几个孩子有了明显的变化。

教育实习结束,我们实习生要返校了,我们乘坐的是早上7点的长途客车。天还没亮,我们就被宿舍外头叽叽喳喳又有些克制压抑的说话声吵醒了。我听着好像是我班上孩子的声音,起来到外面一看,果然是,十几人在山区的料峭春寒中正围在一起。

一瞬间,我的眼睛一下子就湿润了。我们几十个实习生,只有我班上的孩子相约来送我们这些实习教师,让我觉得自己似乎还真有当老师的潜质,也让我第一次感受到教育具有走进人心灵的力量。

回到学校后,向来不喜欢抛头露面的我,报名参加了数学系选拔学校"青春烛"毕业生演讲比赛的系赛,最后脱颖而出,代表数学系参赛,以"教师是太阳"的演讲获得全校第二名。这个演讲表达的完全是我当时内心的声音,这个声音正是我与教育真正结下不悔之缘的初心。

伍羽佳:您当时还是一位新教师,没有选择说教而是真正去了解、陪伴孩子。您当时是怎么理解教师和教育的呢?

孙民云:当时还谈不上有多理解教师和教育吧,只是懵懵懂懂地走进了教育。也许正因为我是新教师,没有固定的思维模式,而且我自己也曾经是一个顽皮的学生,对这些孩子更有一种理解和同情吧,相信只有尊重和真诚才可能走近他们、了解他们,也才可能用我自己的力量影响他们。

伍羽佳:您认为是爱的直觉吗?

孙民云:也许有这个因素。不过,经历了这件事后,我倒是对教师和教育多了一层认识,意识到教师是一个可以走进人的内心、可以改变人的工作,也模模糊糊地意识到教育的意义正在于成全人。

伍羽佳:现在,经过28年的实践,您对教师和教育有了怎样的理解?

孙民云:教学相长,教师要做好学生的引路人,也需要成长,不仅仅去照亮别人,同时也要寻找到生命的意义,在教育教学中不断获得成长,获得幸福。

我更加坚定，教育的全部价值就在于成全生命。

伍羽佳：成全生命，我喜欢您的领悟。这些年里，您还遇到过什么难忘的教育经历呢？或者，是否有一些特别触动您，比如说让您感受到自己也成长了的故事可以分享呢？

孙民云：难忘的教育故事很多，我讲两段经历吧。

1991年，我被提拔到一所中学担任教务处负责人，校长让我接手初三一个班的数学教学工作并兼任班主任。这个班级因为从初一开始就频频更换数学教师，数学成绩很差。初二学年的期末考试，满分100分的试卷，比最接近的班级平均分竟然差了17分。所以校长给我交底时，要求很低：中考只要不是全县垫底，就算有功。谁都没有想到，这个班中考数学平均分、合格率、综合比率不但超过了平行班，而且位列全县第一名（当时按任课教师排名，县一中因择优不参与排名）。

这段经历告诉我，相信孩子，加上有效的教学策略，孩子会还你一个奇迹；也让我从此相信，教育虽然不是万能的，却蕴含着无限的可能。

1999年春天，我被调到县教育局工作。走的那一天，我给任教的班级上了最后一节课。临下课了，我向学生告别，并告知不能再带领他们学习了。孩子们完全没有思想准备，班里霎时寂静下来。我匆匆逃离教室，回到办公室拿上收拾好的一些个人物品准备离开。一出门，就看到我们班的孩子都挤在门口的廊道里。

孩子们围着我，一直追问："老师，您为什么就不教我们了呢？"我不知道要怎样回答他们。有的女生则哭着说："老师，您再给我们上一节课吧！"越来越多的孩子哭了，上课铃响了，我只能让他们赶紧回教室。

这一幕直到现在，还清晰地浮现在眼前。初中三年级的大孩子，已经不轻易流眼泪了，他们的眼泪，永远留在我心里，一直温暖着我，激励着我。

伍羽佳：从您刚刚分享的故事里，能看出你们的师生关系非常和谐，学生们很爱戴您。您是一位非常受学生喜爱的老师，想听您分享一些受学生喜爱的秘诀呢！

孙民云：没什么秘诀，就是真正尊重孩子，信任孩子，喜欢孩子，认认真真、想尽办法提高自己的教学能力，用心把工作做好。

伍羽佳：在您看来，作为教育工作者，在工作中，需要不断接纳学习的是什么，需要放下的又是哪些东西呢？

孙民云：对当下的教育工作者而言，我觉得需要放下的是陈旧的观念和思维定势，是对"变化"的麻木或抗拒，即"习以为常"。

互联网和智能化电子产品、认知科学的发展成果等都为教育翻开了新的篇章，提供了更多的可能。过去我们经常说"教育要回归常识"，但所谓"常识"都是经验的产物，不见得就是真理，大数据在教育上的应用，可能会打破一些"常识"。

教育要与时代发展同步，我们需要接纳学习新的思想、新的理论、新的思维方式、新的科学技术，要主动拥抱和迎接变化。比如，学生使用手机，过去我们基本是高度一致地持反对意见，可是当互联网带来教学方式、学习空间的变化，当手机成为移动学习重要的终端设备时，简单的反对还站得住脚吗？

在不可阻挡的变化面前，唯有改变思维方式，才能找到出路。

伍羽佳：您现在担任（海沧区）教师进修学校的校长，一定给老师们带去了很多变化的思路。也有伙伴对您推动阅读的故事很感兴趣，可否和我们分享几个您和老师们一起拥抱变化、共同成长的故事？

孙民云：讲讲我们教师进修学校研修的故事。

教师进修学校是教师专业成长的支持服务机构，教师进修学校教研员要带领学科教师成长，他们自身的专业学习尤其重要。所以我们一直提倡教研员要读书，要有书卷气。我们想了很多办法，邀请专家来学校开讲座，给大家送书，举办读书分享活动等等，但一直收效甚微。

2015年开学伊始，我们作了一个尝试：将学习活动设计为"主题研修"，通过征集员工意见，结合进修学校的工作性质，每年确定八个大的研修主题。每个主题确定一个主持人，每个人必须至少选择两个主题参与研修。每个月则拿出半天到一天的时间，进行相应主题的集中分享，每个参与者都要汇报分享自己的研修成果。年终总结会，我们也以主题研修的方式，将以往的年终总结会变成"教研故事"分享，让学习研修与自己的工作生活息息相关。

主题研修活动，起到了四两拨千斤的效果，每个人都从别人身上学习，同时也为别人提供学习资源，这样的双重角色，激发了大家的学习热情，点燃了组织的活力，改变了系统的学习生态。

伍羽佳：结合工作与兴趣，推动团队学习，注重分享，注重实践应用，种子带动种子。教师进修学校的老师已经形成了非常好的行动学习的社群。看到您最近在看《布达佩斯往事》、《朝圣》、鲁迅的作品，类型很多，涉猎很广，我想知道，在您看的这么广泛的书籍中，关于教育，让您最受启发的一本书是哪本？

孙民云：不同的书籍对自己的启发是不一样的，所以很难说哪本书让我最受启发。比如，读蒙台梭利、读怀特海、读苏霍姆林斯基，都深受启发，又都有不同的体验，好书自有其价值。

因此，我个人觉得教师读书要涉猎广泛些，不同的书会有不同的价值。多读书，可以让我们教师气质更儒雅，精神更高远，更懂得爱，爱孩子、爱课堂、爱研究。

伍羽佳：从组织和关系层面，我都感受到您是一位非常具有力量的"男神"。以您的观察，现在的教育中，有什么是正在消亡、退后的，有什么是正在生发，获得新生的？

孙民云：我个人觉得，教育领域中，传统的机械灌输、填鸭式教学方式正在消亡或者退后，整齐划一的教育方式、说教式的道德教育在消亡或退后，学校有形无形的围墙在消亡、退后，单纯的依赖经验在退后。

对话、体验的教学方式获得生发，个性化的学习、因材施教获得新生，基于网络和移动终端的开放教学获得生发，基于大数据的教育实证研究、教育评价获得生发，多元、立体的学习方式获得生发等等。

伍羽佳：这段话信息量超丰富！

学校围墙的消失、对话和体验的教学方式、大数据在教育的应用等等，如果时间允许，好想再听您多谈一些看法。

（采访人：伍羽佳，真爱梦想理事长业务助理，教育慕课真爱梦想项目经理。写于2016年6月。）

厦门海沧：缕缕书香出墙来

2017年岁末，厦门市海沧区教师进修学校迁入位于霞光东里326号的新址，揭牌仪式定在第四届教育阅读节开幕当天。在书香中庆祝乔迁之喜，这在海沧区教育局副局长孙民云看来，不是什么特别的设计，而是一种理所当然。

2017年5月调到教育局出任副局长之前，孙民云一直是海沧区教师进修学校的掌门人。九年前，进修学校成立时，校园不足600平方米，却挤出了近50平方米的空间开辟了图书阅览室。问及当时的想法，他说："进修学校要有书香味，教研员要有书卷气。建校之初，我们就确定了这样的文化基调。"在他看来，教师进修学校应该成为所在区域教师的精神家园，本应是一个读书的地方。自2014年开始，海沧区教师进修学校每年都要举办教育阅读节。在第四届教育阅读节期间，本报记者与孙民云副局长就阅读的种子如何在一个区域内生根发芽展开对谈。

记者：海沧区教师进修学校主办的教育阅读节已办到第四届，这几乎成了当地教育人的节日。最初搞这个活动时是如何考虑的？

孙民云：2014年4月23日，海沧区教育局正式启动了"书香海沧·教师领航"教师全员阅读工程，活动以自主申报为主，从各学校挑选了103名阅读种子教师，组建种子教师读书共同体，再由种子教师组建自己领衔的读书共同体，旨在通过两级读书共同体的联动，推动教师全员阅读，从而改善学校的文化生态，最终让阅读成为教师的一种生活方式。同时，通过"教师领航"将阅读延伸到家庭、社区，带动全民阅读，提升区域的文化品质。

华东师范大学出版社的策划编辑朱永通老师应邀参加了首次种子教师读书交流会。会后，他和我探讨了这种读书形式的优点和不足，并对如何形成持久的阅读氛围提出建议，每年举办一次"教育阅读节"就是我们在探讨中形成的一个共识。当时的想法主要有三点：一是通过持续的具有仪式感的活动，营造全系统读书的氛围；二是通过邀请阅读推广人、教育图书作者走近海沧教师，发挥其示范引领作用；三是通过每年确定一个主题，让教师阅读能够聚焦，并渐成系统。这个想法得到了区教育局主要领导的支持。这就有了2014年11月举办的"海沧区第一届教育阅读节暨大夏书系读书节"，林茶居、朱永通、朱煜、谢云、凌宗伟、王木春、杨斌等阅读达人相继走进海沧，成为海沧教师阅读的专业支持者。

记者："书香海沧·教师领航"有什么含义？

孙民云：2010年年底，有一天北师大的栾少波老师（时任厦门海沧教师培训中心主任）到访进修学校，聊起他们中心计划推动所在社区的居民阅读。这与我们想推动教师阅读不谋而合，能不能将教师阅读和社区的阅读结合起来，以教师的阅读来带动社区阅读？在讨论中,"书香海沧·教师领航"的提法浮了出来，大家一致认为这个口号能够充分表达我们的思想：书香不应该局限于校园，而应该弥漫整个社会。建设书香社会，教师理当成为领航者。毕竟教师是最靠近书籍的一个社会群体，也是最应该读书的一个群体，而教师通过学生和学生家长也最有可能影响到社区乃至整个社会。"书香海沧·教师领航"表明教师读书不仅是为自己读，为学校教育读，也是为教育大环境而读，为社会文明提升而读，既体现了教师的自我发展意识，也体现了教师自觉的社会担当。

记者：经过这几年的推动，老师们在阅读和教学方面有了哪些变化？

孙民云：教师在阅读方面的变化是显而易见的，正因为阅读带来了教师的变化，很多学校越来越重视教师阅读，为教师阅读提供了诸多支持。在这种氛围下，很多教师自发组织了读书共同体，带领教师和家长读书，在2017年的学前教育"悦读节"中，我才知道仅幼儿园2016年以来一年多时间里就自发组织了50多个读书共同体，教师阅读已成为一种风尚。教师进修学校在阅读推广活动中，也组织教研员读书，开展"主题学习"活动，按照主题进行系统阅读和分享。有的教研员说这两年最大的收获就是读书，从被动到主动，读了不少专业书籍，实实在在地得到了提升。

记者：您去年离开进修学校到教育局工作，岗位的变化会不会使您重心转移，不再关注教师读书了？听进修学校周扣平校长说，教师阅读活动将在区域内推广。关于这方面，您有什么计划？

孙民云：岗位的变化的确会带来工作重心的转移，但不管怎样变化，我对教师读书的关注不会改变。

从"书香海沧·教师领航"这个口号就可以看出，海沧的教师阅读从一开始就将教师定位为"领航者"，理应带动整个社会的阅读。"第四届教育阅读节"的主题是"最好的教育在家庭"，这意味着阅读已从学校走向社会，参加的对象从教师走向了教师和家长。在"阅读节"读书分享活动中，一所农村中心小学的语文老师分享了她在社区建立书吧,利用周末时间带领社区中的孩子读书的故事。这个书吧是由我们教育基金会资助建设的,这正是"书香海沧·教师领航"的初衷。2017年12月区"两会"上,教育界别的政协委员联名提了一个提案,建议由区文化部门牵头,每年举办一次全区性的"全民阅读节",发动全区各部门参与到阅读中来,和教育系统的"教育阅读节"互相呼应,营造全民阅读的氛围。教育部门也计划由区社区学院牵头开展儿童文学作家进海沧活动,组织以阅读家庭教育书籍为主题的公益性家庭教育讲座,组织阅读领航人和故事妈妈志愿者培训等等,并依托各社区书院、四点钟学校开展亲子阅读活动。

(作者王珺,原载《中国教育报》2018年1月15日"读书周刊"栏目)

阅读，我们能做什么？
——获《中国教育报》"推动读书十大人物"感言

有幸被评为"中国教育报2015年度推动读书十大人物"（以下简称"十大人物"），惶恐多于欣喜。推动区域教师阅读，不过是做了一些该做且自己也想做的事情，至于收成，只能说刚上路而已。"十大人物"名不符实，惶恐之余，不能不细思，读书这件事情我们真做好了吗？我们能做好吗？

为什么要推动教师阅读？为什么教师需要阅读？教师应该阅读怎样的书？要如何阅读？成为"十大人物"（阅读推广人）之后，总有人问起这些问题。第一个问题简单，因为教师目前的阅读状况极不理想，有的教师除了教材教参之外，几无阅读，要改变这种状况，自然需要有人去行动。第二个问题，一开始，我觉得就不是问题，在我想来，教师阅读不是如同人需要吃饭喝水一样天经地义吗？根本不应该有疑问。孔子说："学而不厌，诲人不倦。"显然，孔夫子认为学而不厌是诲人不倦的前提。阅读是最好的自我教育，发展好自己，才有诲人不倦的资格。韩愈说："师者，传道授业解惑也。"要开解学生学问之"惑"、生命之"惑"、宇宙万象之"惑"，难以想象，没有持之以恒的学习，没有皓首穷经，何来解惑之能。然则，问的人多了，我细一琢磨，就觉得教师阅读的意义不仅于此，阅读还有助于改善学校的学习生态，使学校真正成为一个学习型的组织，成为一个真正有文化的地方。阅读能够改善教师自身的生命状况，让教师内心更加明亮，思想更加鲜活，境界更加辽阔，从而实现生命的超越。第三个问题，教师应该阅读怎样的书？我的回答是，只要是好的书籍，都应该尽可能多涉猎，但阅读毕竟是一件很自我的事情，每个人的阅读需求和喜好都不一样，无须强求一致，但一定数量的教育经典和专业书籍应该是教师阅读的必经之途。第四个问题，教师要如何阅读？这也是很个性化的一个问题，不可能有统一的答案。但教师阅读除了一般性的阅读之外，还需要一定量的专业阅读，专业阅读应该是一种深度阅读，需精微、思考、写作相结合。

用行政力量来推动阅读，乃无奈之举，实非我愿。2016 年，我们希望在前期行政推动的基础上，改变组织方式，让阅读成为教师更加自觉、主动的行为。基于此，（海沧）区教师进修学校向全区教师发出倡议书，号召教师自主申报领衔组建"教师阅读共同体"。发出倡议之后，我们心怀忐忑，不知道有没有教师申报。让我们感到鼓舞的是，最终有 42 位教师申报了"教师阅读共同体"，平均每个共同体都有 20 多位核心成员参加。近千位教师就这样自发地参与到读书这件事中来。事实上，这些共同体中的很多成员，他们参与共同体活动之外，又将读书带进了自己所在的年段、学科组、班级，有的还组织了家长阅读会。如果可以持续运转下去，这将是一股巨大的阅读推动力量，我们有理由期待它能汇成洪流。教师进修学校要做的只是给他们提供必要的书籍，持续的关注，默默的陪伴，精神的支持和鼓励。

2016 年以来，我参加了一些学校组织的教师阅读分享活动，学校活动形式丰富活泼，有的学校开展推荐一本书活动，每位教师向其他人推荐一本自己阅读的书籍，分享书中的主要观点和自己的思考，阐述推荐的理由。其中好些书我也是首次知道，惊叹书海浩瀚之余，教师阅读的广度也让我惊讶。有的学校开展共读一本书分享活动，同样的一本书，每个人的视角和关注点都不相同，有的能联系实际，由此及彼，有的独辟蹊径，进行另类解读，有的不迷信权威，敢于批判。阅读的光芒在不经意间，已然照射到教师生长的每个地方。

2016 年以来，应厦门广电"94 私家车"频道之邀做了两期关于阅读的节目；应点灯人大学之邀在线导读《教育的目的》；应市内外一些学校的邀请作了几场关于教师阅读指导的讲座。做节目、导读皆非我所长，指导阅读更觉才疏学浅，难以胜任，之所以应允，就因为头顶了"十大人物"这一桂冠，只要与阅读有关的事情，就觉得有义务接受。

2016年年底，一位同事说，这两年学校组织的"主题研修"活动，被逼着读书，却也读出了点感觉，受益匪浅。

2017年年初，一位原来不怎么读书的老师，和我聊起了《教育的细节》，还很自豪地向我推荐了《人类简史》。

2017年春季开学，一位校长给我电话说，学校今年要抓几件大事，第一件大事就是要抓好教师阅读，因为已经有不少老师从阅读中受益。

2017年，关于阅读，我也有一个愿望：若干年后，"阅读推广人"将不再被人记起，阅读对所有人来说，都像呼吸一样自然。

（原载《中国教育报》2017年3月27日"读书周刊"栏目）

海沧教育发展的"热带雨林"之路

2018年1月7日,"海峡两岸教育戏剧研究高峰论坛"在北师大厦门海沧附属学校开幕,两岸教育戏剧名家云集,两天时间里学术报告、专家主旨发言、研讨课、工作坊精彩纷呈,可谓教育戏剧研讨的一场盛宴。

事实上,"教育戏剧"在海沧只是小众。2012年,我们接触到"教育戏剧"这个概念后,就被其丰富的教育功能吸引。于是,就有了"教育戏剧"的师资培养,有了闽台儿童文学研究所陈世明教授挂牌成立的"教育戏剧工作室",有了这次的"教育戏剧研究高峰论坛",顺势而为,推动"教育戏剧"成为一股更大的教育力量。

在海沧,很多教学改革都是这样悄无声息地进行着,没有步调一致、全区统一的教学模式,没有行政强势推动,做或不做,没有和学校评价、奖惩挂钩。引进某种教育项目,从校长教师学习培训开始,从一部分人开始,从几所学校开始,既有一只无形的手在推动,却又自然而然,水到渠成。

教育行政部门在教育发展中应该站在什么位置?应该用何种方式推动区域教育发展?不同的选择可能会带来不一样的结果。这些年,地方教育局强势推动某种教育模式或某个项目,教育改革热热闹闹时有耳闻,但多数是开始时轰轰烈烈,最后无声无息,黯然收场。有些教育行政管理者视教学模式为提高教育质量尤其是学业质量的灵丹妙药,在学校甚至区域强力推行某种教学模式。这其中,既有不少真诚希望通过模式改变教育现状者,也不乏急功近利者。教学模式自有其价值,但是否存在普遍适用的模式?模式在提升学业成绩的同时是否会伤及其余？毕竟，学业只是教育目标之一而已，某些貌似"高效"的教学模式在学生情感的培育、价值观的养成，甚至在深度学习的发生上，都是有缺失的。

在我们看来，学校变革的出发点应该是学校的现实，变革需要立足于学校自身的土壤，如历史积淀、教育哲学、教师队伍状况、生源、所处社区资源等等。如同世界上没有两片完全相同的树叶一样，哪怕在同一个区域内，也不可能有完全一样的两所学校，简单的经验复制不可能包治百病，甚至有害肌体，行政强行一刀切，其结果往往事与愿违。

然而，基础教育存在诸多根深蒂固的问题是显而易见的，不思变，中国教育绝对没有出路。地方教育行政部门推动教育发展，必须有所为有所不为，既要有使命感和紧迫感，勇于引领教育变革，又要有敬畏感和责任感，避免因急功近利而蛮干。如何有所为？我们选择了这样一条改变之路：固本强基，强化教师队伍建设，培养一支有宽阔视野，有能力应对教育挑战的教师队伍，通过校长和教师的改变来改变教育；百川归海，引进多方的教育资源，打开校长和教师的视野，给他们更多的选择机会，也给他们选择的权利，顺势而为，推动学校教育变革。

海沧教师培训工作走在全省前列，确保教师工资总额2.5%的培训经费落实到位，以"滋养·激活·奉献"为培养理念，贯彻"全面·全员·全程"培训原则，每年组织近三分之一的教师赴高校和教育发达地区培训，培训种类丰富，形式多样，做到各级各类培训全覆盖，正是基于这样的一种发展理念。

2009年，海沧教育局与福建师范大学余文森教授合作，引进"指导自主学习"课堂教学改革理念，开展全员"有效教学"培训，转变校长、教师教学观念，树立课堂变革意识，为学校开展教学改革奠定基础；2012年牵手上海"真爱梦想"公益基金会，先后在10所学校建设"梦想中心"，引进"梦想课程"；2014年，联手东北师范大学理想信息技术研究院整体推进教育信息化；2016年与福建师范大学福清分校高诚杰教授"规范汉字书写"研究团队合作，引进其汉字书写教学技术，推广规范汉字书写教育等，亦是如此。

2017年年底，我们邀请亲近母语研究院徐冬梅老师团队到海沧调研学校阅读状况，商定在2018年引进"阅读地平线"项目，在全区有需求的学校推广系统的母语阅读；2018年开年，我们组织了"基于学习共同体的课堂教学变革"校长专题培训，集中3天时间对"学习共同体"从理论到实践案例进行全景式的培训，在此基础上，将选择5所有强烈意愿的学校进入这项课堂教学改革。

海不择细流而成其大，将各方资源引入海沧，为校长和教师打开了更多扇门，但要不要走进去，交由学校选择。教育主管部门在思想的引领上、在资源的引进上必须做积极的主导者，而在具体的事务中更多时候应该隐身，站在学校后面，只在合适的时候推一把，在需要的时候穿针引线，提供必要的专业支持，为学校改革保驾护航。

我们理想的海沧教育不是一片整齐划一的速生林，而是一片通过精心的引种、修复、培育，在海沧造就有区域特色的教育"热带雨林"，生物种类丰富而繁盛，生机盎然，具有良好的自我发展能力。

关于本书的部分评论

教育是一种追寻：既是追寻他人的生命生长之道，也是追寻自我生命价值的实现之路。真正的教育者，既是追问者，也是寻路者，更是寻道者，其核心是对"什么是对的教育"的念念不忘和孜孜以求……此书的作者，以多年的教育追寻实践，开出了一条独特的道路，如果我们驻足其中，很可能因此敞开和发现自己的教育之路。这是作为读者的"我"和作为作者的"你"，只有通过阅读而展开的对话，才可能开出的"追寻之路"。

—— 李政涛（长江学者特聘教授，华东师范大学教授）

教育的确存有美丽的风险。对于这一风险的自觉，乃是教育工作者应有的、最为重要的专业素养之一。作者在认真阅读的基础上对于"对的教育方式"的思考与探索，对于广大教育同行具有重要的借鉴价值。

—— 檀传宝（北京师范大学教授）

海沧教育发展为何选择"热带雨林"之路？诚如民云先生所言，"学校变革的出发点应该是学校的现实"。一个区域的教育现状是参差多态的，故行政介入需要克制和忍耐。所以，海沧教育行政选择尊重、服务和启迪。激发教师的教育智慧比制度建设更重要。只有每一位教育人自觉地读、思、行，教育才能选择正确的方式。

—— 姚跃林（厦门大学附属实验中学校长，中学语文特级教师）

孙民云老师主张"用对的方式做教育"，何为"对的方式"？他的基本阐述是"努力地提高自己的专业能力，负责、用心、专业地对待每件事、每个孩子"。这貌似简单又朴素的阐述背后恰恰呈现了教育的真谛，这就是专业的人要干专业的事。要干专业的事，就要有点专业的阅读、专业的思考与专业的行动。我想，如果每一位教育者都能有一点专业的精神，再有一点孙老师这样专业的阅读与思考，那就有可能找到"对的方式"。

—— 凌宗伟（江苏省语文特级教师）

温和，安静，富有行动力。这是我对孙民云老师的印象。从教师进修学校校长到教育局副局长，身份的变化并未改变他的风格，他依然以读书为乐趣，依然频频拿出读书思考的文章。从这本新书的篇目不难看出他作为教育人的生活节奏与思想脉络：理解，追问，行动。他在阅读中理解教育，在追问中思考教育，在行动中寻求教育的突破。这一切都指向同一个方向，即对"对的教育方式"的追寻。

—— 王珺（《中国教育报·读书周刊》主编）

我曾在民云老师的指导下快速成长，他于我亦师亦友。不管是在教育教学研究一线，还是在教研、行政管理岗位上，他始终拥有一种师者的情怀、智者的洞察。《追寻对的教育方式》一书是他这种特质的体现和结晶，揭示了教师专业精进的"三字诀"：一是"行"，在实践中"躬行"与"求好"，追求做更好的教育和更好的自己；二是"思"，冲破感性经验的束缚，思考教育和教师自身的"可为"和"当为"；三是"读"，借助阅读，认识"他者"，丰富"自我"，走向教育的高远处。

—— 钟建林（《教育评论》执行主编）

世间没有绝对"对"的教育。一个好的教育者，往往是个理想主义者，他对教育充满期待，更心存敬畏。因为敬畏，他去除狂妄，懂得尊重——尊重科学，尊重儿童，尊重别人，尊重草坪上的一朵小花；因为敬畏，他不停反思，不被喧嚣的生活洪流淹没，努力去"看见"自己、"照见"彼此；也因为敬畏，他孜孜追寻着理想中的"师者人格"，以及理想中的校园与理想中的教育。我喜欢书中的"敬畏、尊重、反思、追寻"四个词汇。我此刻写下它们，仿佛看到一张诚恳而纯朴的脸朝我微笑。

—— 王木春（福建省东山一中语文特级教师）

从一线教师到行政领导，步步走来，始终以对自我的锻造，对儿童的热爱，对教师的关怀，对专业的理解，践行教育理想；而因为长久的阅读、思考与行动，使得他向着"对的教育方式"的努力和探求自有一种动人的力量。

—— 冷玉斌（江苏省兴化第二实验小学副校长）

图书在版编目（CIP）数据

追寻对的教育方式 / 孙民云著. —上海：华东师范大学出版社，2019
ISBN 978-7-5675-9222-3

Ⅰ.①追… Ⅱ.①孙… Ⅲ.①教育方法—研究 Ⅳ.① G4

中国版本图书馆 CIP 数据核字（2019）第 089075 号

大夏书系·教育新思考

追寻对的教育方式

著　　者	孙民云
策划编辑	朱永通
审读编辑	万丽丽
封面设计	奇文云海·设计顾问

出版发行	华东师范大学出版社
社　　址	上海市中山北路 3663 号　邮编　200062
网　　址	www.ecnupress.com.cn
电　　话	021－60821666　行政传真　021－62572105
客服电话	021－62865537
邮购电话	021－62869887　地址　上海市中山北路3663号华东师范大学校内先锋路口
网　　店	http://hdsdcbs.tmall.com
印 刷 者	北京密兴印刷有限公司
开　　本	700×1000　16 开
印　　张	13
字　　数	180 千字
版　　次	2019 年 8 月第一版
印　　次	2020年11月第三次
印　　数	9 101-11 100
书　　号	ISBN 978－7－5675－9222－3
定　　价	45.00 元
出 版 人	王　焰

（如发现本版图书有印订质量问题，请寄回本社市场部调换或电话021-62865537联系）